极简
METAVERSE
元宇宙

메타버스, 이미 시작된 미래

[韩] 李林福（이임복）◎著
黄艳涛 孔军◎译

中国出版集团
中译出版社

图书在版编目(CIP)数据

极简元宇宙 /（韩）李林福 著；黄艳涛，孔军 译.
-- 北京：中译出版社，2022.1
ISBN 978-7-5001-6817-1

Ⅰ.①极… Ⅱ.①李… ②黄… ③孔… Ⅲ.①信息经济 Ⅳ.①F49

中国版本图书馆 CIP 数据核字 (2021) 第 245288 号

메타버스, 이미 시작된 미래
Copyright © 2021 by Lee lim bok（李林福）All rights reserved.
Simplified Chinese copyright © by China Translation &Publishing House
Simplified Chinese language edition is published by
arrangement with. Cheongeurusoop through 連亞國際文化傳播公司
著作权合同登记号：图字 01-2021-6384

出版发行 / 中译出版社
地　　址 / 北京市西城区新街口外大街28号普天德胜大厦主楼4层
电　　话 /（010）68005858，68358224（编辑部）
传　　真 /（010）68357870
邮　　编 / 100044
电子邮箱 / book@ctph.com.cn
网　　址 / http://www.ctph.com.cn

策划编辑 / 于　宇　刘香玲　张　旭　范　伟　张孟桥
责任编辑 / 张孟桥　范　伟
文字编辑 / 费可心　吕百灵　郑　南　张若琳
营销编辑 / 曾　頔
版权支持 / 马燕琦　王立萌
封面设计 / 潘　峰
排　　版 / 潘　峰
印　　刷 / 北京顶佳世纪印刷有限公司
经　　销 / 新华书店
规　　格 / 880mm × 1230mm　1/32
印　　张 / 7.625
字　　数 / 150千字
版　　次 / 2022年1月第一版
印　　次 / 2022年1月第一次

ISBN 978-7-5001-6817-1　定价：39.80元

版权所有　侵权必究
中　译　出　版　社

序言

元宇宙是新的未来

从 2020 年底开始,"元宇宙"一词便受到全世界的关注。对于科幻感兴趣的人来说,它是一个已经被熟知的术语。如果你从事 IT 领域的工作,一定至少听说过。可见,这并不是什么全新的概念,那么,"元宇宙"为什么会突然间成为热门话题呢?

简单来说,当今世界经济因新冠肺炎疫情而"萎缩",元宇宙算是被抛向这个"萎缩"世界的话题。正如美国总统约翰·肯尼迪在困难重重的冷战时期所说的,"我们决定去月球,10 年内就要走了",这句话使人们充满了希望一样。或许,元宇宙也会给我们带来希望,让我们摆脱新冠肺炎疫情所带来的疲惫,期待一个与现在完全不同的崭新的未来。

可是,冷静下来想一想,元宇宙并不是一个全新的未来,而是现在正在发生的故事。也许,所谓的元宇宙,只不过是把我们已经体验过的虚拟现实、社交游戏、人工智能、数字人类等术语捆绑在一起后抛出的信息而已。它可能是一个营销术语，用来迷惑大众，也可能是一个股票市场的新主题，包含着对新生事物的渴望。得益于此，一些看似与元宇宙毫无关系的股票连日涨停，甚至火了起来。

"元宇宙是泡沫吗，还是新的未来？"

本书始于这个问题。如果需要先给出答案，那就是，"元宇宙是新的未来"。

互联网始于1969年，在1994年前后进入我们的日常生活，它把所有人连接在一起，之后我们再也没能回到独自一人的生活。2007年，与史蒂夫·乔布斯的传奇演示文稿一起发布的iPhone加速了移动革命。之后，我们过上了一天24小时紧密相连的生活。直到现在，我们一直生活在一个线下和线上相结合的混合现实世界里，只不过我们从来没有认真思考过这个问题。

2020年，使全世界感到恐惧的新冠肺炎疫情给全人类带来了共同的经历，即"孤立"和"通过数字网络相连接"。无论你愿不愿意，线下与人见面持续减少，孤立的生活仍在继续。取而代之的是，人们通过数字网络相连接的方式方法层出不穷。人们通过Twitter、Facebook、Instagram、YouTube等社交网络媒体（SNS）来缓解焦虑，利用Zoom和Teams等业务工具继续从事商务活动，甚至连休息的方式也发生了变化。通过置身于像《动物森林》这样的治愈游戏,或者像《堡垒之夜》和《英雄联盟》这样的游戏中,通过游戏与他人和外界相连接,在游戏中解闷,消磨时光。正因如此,在新冠肺炎疫情时期,游戏相关公司的股价上涨超过117%。

在互联网革命和移动互联网革命时期,以及现在所处的现实和虚拟世界中,人们都以各自的方式交流、消费并且生活着。目前,"移动革命"这个词已经不足以诠释其概念,现在是超越世界,元宇宙已经超越了互联网和移动互联网,成为第三次革命。

"元宇宙是玫瑰色的吗?如果现在还不登陆元宇宙,是不是就晚了?"

不是的,"元宇宙"一词首次出现于1992年出版的小说《雪崩》中,至今已有将近20年的时间,但是我们还没有追赶上小说中未来的脚步。如果每个人都像电影《头号玩家》里呈现的那样,戴上VR设备后就能在虚拟现实中相遇,并过上常态化的生活,目前对我们来说还是一件遥不可及的事情。

NFT(非同质化代币)同样如此。没有人知道,NFT究竟能否将我所拥有的数字资产向全世界的人们宣誓我的"所有权",还是使其像"郁金香泡沫"或"庞氏骗局"那样而告终。

在这些不确定性中可以肯定的是,"任何时候,未来都会朝着我们想象的方向发展"。一个无数人梦寐以求的虚拟现实世界，一个现实与虚拟融为一体的世界，现在，我们就站在那扇门前，没有人知道，在这扇门后面等待我们的是什么。

新世界的开端就在我们面前，使人心潮澎湃，令人充满期待。难道不是吗？我们正在经历着任何人都未曾体验过的、全新世界的开端。元宇宙是什么？如果你是投资者，应该在哪里投资？如果你是企业家，应该怎样谋划布局？不要彷徨，不要动摇，就站在目前的位置，用自己独有的视角来看待未来。我希望届时这本书能成为一个小小的踏板，让你可以借助它眺望门外的世界。

李林福

前言

又一个世界，元宇宙来了

早上6点，伴随着悦耳的音乐声，我睁开了眼睛。眼前的大屏幕上，可以看到今天的睡眠时间和天气预报，夜间没有查看的信息提醒，以及推荐的早餐食谱等。我把沙拉和一杯豆浆放在"能量板"上，开始吃饭。能量板上的AI摄像头可以识别早餐食谱，然后将其纳入健康数据。

用过简单的早餐后，我把家庭训练画面投射在客厅的墙上，跟随屏幕里人工智能教练的动作，开始矫正自己的运动姿势。画面的左边是教练，右边的是我，每当我做错动作时，教练都会立刻帮我纠正。和刚开始做运动的时候相比，我的姿势好多了。我今天的运动成绩是B+，和鼓励信息一起发来的还有10个积分。截至目前，我的累计积分是60分，我想快点儿获得300分，那样才能订购双新鞋子。

做完矫正运动后,我骑上 XR¹ 自行车,戴上 XR 眼镜,打开电源,连接 XR 任务后,看到其他人的身影已经"坐"在我的旁边。在 XR 健身房骑自行车如同在线下健身房一样,可以在虚拟空间里与其他人一起运动,这种感觉很好。跟随教练的指令,每个人都开始加速飞驰,确实比一个人运动时要有趣很多。这虽然是一个虚拟空间,但在这里可以和其他人见面,还能交到朋友。

绕了两圈,已经 8 点多了。终于,教练宣布初学者全部课程结束,我拿到了"初学者"徽章。有了徽章,就可以免费兑换运动服和鞋子等,并直接应用到化身上。装扮好化身后,我截图并分享到社交媒体 SNS 上。

上班时间到了,迅速洗漱后,我穿上触觉设备套装,拿出键盘,坐在桌旁。如果能允许化身上班就好了,可是公司规定从这个月开始"在工作中禁止化身登录"。因此,向全体职员发放了触觉设备套装和工作用 XR 眼镜。开机并经虹膜识别后,即可接入虚拟办公室。

作为虚拟办公室,XR 办公室是在全球任何地方都可以接入的办公室。只不过,要配备大小适中的办公桌和椅子,因为需要识别现实世界的桌椅,来分配 XR 办公室内的空间。当然,XR 办公桌也是公司配发的,这样就不用考虑坐在家里哪个地

---

1. XR 是虚拟现实(VR)技术、增强现实(AR)技术和混合现实(MR)技术的统称。

方办公，这很好。

前后、左右都是同事，大家坐在办公桌前一边工作，一边自然地交流。如果说，虚拟办公室的第一代产品是使用类似Zoom的视频会议系统，那么第二代产品就是通过数字化身来开会的GatherTown方式。起初大家感到有些尴尬，但很快就习惯了。然后，马上出现了"XR Office"的早期版本，也就是第三代产品，人们无论在哪里接入办公室，都可以聚在一起工作。因为可以让化身代替自己上班，所以具备无须看到自己真实面孔的优点（如果情况紧急，不用洗漱就能上班）。但是，无论化身表现得多么自然，人们之间的对话不仅要通过语言，还需要通过表情等非语言交流来实现，这样化身就有了很多局限性。再加上，让化身登录，感觉像在玩游戏一样，存在注意力不集中的缺点。

现在，为了弥补这个缺陷，我们开始使用第四代XR办公室产品，第四代产品不再使用数字化身登录，而是以本人真面目出镜。在使用第四代产品时，XR眼镜直接扫描人脸，实时传输信息，XR触感设备可以像穿着西装或休闲衣一样变换着装。虽然，第四代产品还有待进一步完善，但它毕竟减少了上下班时间，同时也缓解了一个人在家独自工作的孤独感，是值得肯定的。如果你想和某人交流，可以单独给对方发送信息，如果你想召集会议，只需发送群聊信息，信息被采纳后，就会立即转场到会议室。在这里讨论的内容会全部被自动记录。

而且，在XR办公室，眼前可以同时出现4个以上的显示器，有助于提高工作效率。因为不受空间限制，可以运行生产的产品原型进行现场实验，然后开会，也可以利用无限扩展的画布进行集体自由讨论，开展头脑风暴。

对于引进XR办公室的公司来说，也获得了诸多实惠。首先，减少了办公室的固定投入，原本分配给每位员工的空间和办公用品，就需要花费大量费用，如此一来，利用省下来的费用，再挪走个别的办公桌椅，就可以把原来的办公室改造成宽敞的会议室，用来接待来访人士或召开团队内部线下会议时使用。另外，节省下来的费用还可以用于提升XR办公室的网速和升级服务器，以实现更快捷方便地连接。由于不需要员工上班，还可以广泛采用全球招聘。因为具备了在任何地方都可以登录的优势，每年都吸引越来越多的优秀海外人才加入。

12点了，现在是午餐时间。今天与住在日本的同事约好了一起共进午餐。他最近好像有什么烦恼，我们决定一起吃饭聊天。准备好饭菜后，点击眼前浮现的"西餐厅"菜单，画面马上就变了。在日本的朋友已经先到了，我看到他正在喝咖啡。其实，午饭还是各自在家吃，虽然眼前的场地变成了餐厅，但现实中却是在自己的家里，并未发生任何变化。

为了解决这个问题，采用了两种方法。一是只提供虚拟空间的餐厅，扫描各自家里准备的食物后，让对方也能看到。二是提前预约，将食物配送到各自的家中，使在现实世界和虚拟世界中吃的食物保持一致，这样看起来会更加自然。当然，空间也分为其他客人可见的普通餐厅以及和外界相隔绝的包间。

吃完饭后，再切换到办公室，继续下午的工作。辛苦工作后终于要下班了，我摘下眼镜，伸了伸懒腰。今天晚上，我决定以现实的方式约朋友在线下见面，我们已经很久未见了。尽管元宇宙是一个无所不能的世界，但还是无法与见面聊天相提并论。

・・・

这个故事是根据现在的元宇宙技术，呈现的职场人一天的生活片段。当然，为了实现更加自然的元宇宙，还需要研发更多技术，不过 MS 的 HoloLens，Facebook 的 Oculus 等 XR（混合现实）眼镜，以及在虚拟世界中给人以真实感觉体验的全身触感套装等，已经向我们充分展现了元宇宙世界的无限可能。

但是，所有技术的进步就像硬币有正反两面一样，都有积极的一面和消极的一面。这项技术虽然解决了受空间制约的问题，但也陆续引发了其他需要引起关注的问题，比如在元宇宙内沟通不足、人与人工智能如何区分等。

无论未来是什么样的，它已经朝我们走来，也就是说，在元宇宙世界里的工作和生活，会使我们的生活方式本身发生改变。值得庆幸的是，从现在开始我们还可以思考关于如何在元宇宙世界中生活的问题，并做好准备。通过这本书，让我们来饶有兴趣地认真体验一下已经初现端倪的未来——元宇宙。

目 录

第一章 元宇宙，是泡沫？还是未来？

| 1 | 元宇宙   02
| 2 | 元宇宙备受关注的三个原因   12
| 3 | 解读元宇宙投资的机会   19
| 4 | 元宇宙的四种形态   24
| TIP | 有助于理解元宇宙的电影   30

第二章 已经初现端倪的未来，体验元宇宙

| 1 | 构成元宇宙的三大要素   36
| 2 | 我们已经体验过的元宇宙游戏   40
| 3 | 社交游戏的反击，与现实相连接   47
| 4 | 元宇宙，虚拟世界的房地产交易   76
| 5 | VR/AR 何时成为现实   89
| TIP | 在 Zepeto 中试试制作头像吧   97

第三章　元宇宙,通过 NFT（非同质化代币）成为现实

1	NFT（非同质化代币）	102
2	具备稀有属性的数字资产 NFT	107
3	信任 NFT 的依据	123
4	元宇宙与 NFT 的连接	129
5	NFT 交易时的注意事项	135
6	NFT 交易时,哪些方面需要加强	139
7	NFT 的泡沫,以及扩张的可能性	143
TIP	试试在 OpenSea 制作并销售 NFT 吧	149

第四章　元宇宙的未来,应该关注什么地方

1	成功的元宇宙的三大要素	158
2	"重出江湖"的赛我网	164
3	新的人类,数字人类的到来	168
4	K-POP,飞向元宇宙	179
TIP	在 Kakao 的 Crafter Space 上制作 NFT	184

第五章　你做好登陆元宇宙的准备了吗

| 1 | 我们应该准备些什么 | 192
| 2 | 银行与金融业应该如何运用 | 195
| 3 | 百货店与超市应该如何运用 | 199
| 4 | 制造商与出版社应该如何运用 | 203
| 5 | 教育公司应该如何运用 | 205
| 6 | 活动企划应该如何运用 | 208
| 7 | 政府与公共机关应该怎样做 | 211
| 8 | 公司应该怎样做 | 213
| 9 | 个人应该做什么 | 216
| TIP | 在 Gather Town 上讲课吧 | 218

参考资料　223

第一章

元宇宙,是泡沫?还是未来?

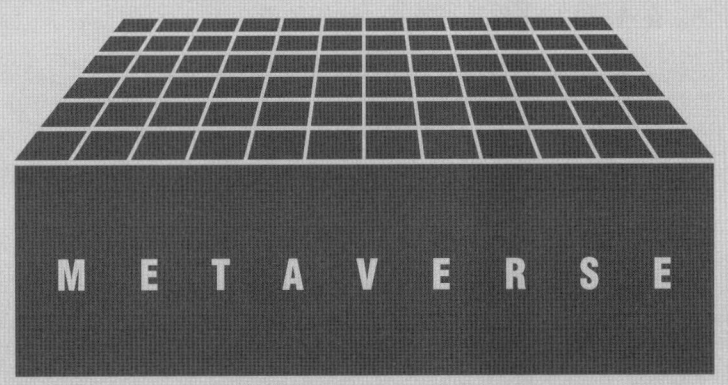

1

元宇宙

在这一生中,你是否曾有过这样的想法:

"万一,我们现在生活的世界是一个虚拟世界?"

"那么,睡着了,不就是从现在的世界里下线了吗?"

"今天的我,是不是一个全新的我,已经更新了昨天之前的所有记忆?"

"我的视线所及之处,所有的物体都在移动,但是,在我没有看到的地方,物体都是静止的吗?"

这听起来虽然很荒谬,但是每个人小时候都至少有过一次这样的想法。不过当成年以后,我们就很少会问这样的问题了。

有人公开抛出"我们就是某个人的电子游戏"的观点,他就是埃隆·马斯克。他是一位创新型实干家,也是特斯拉首席执行官，他梦想有一天能把人类送上火星。当然，埃隆·马斯克说过很多虚无缥缈的话，就算这是无稽之谈吧（尽管如此，他正在打造一条通往火星的移民线路，他成立了Boring Company，在洛杉矶市中心打通地下隧道，还在进行升级人工智能的 Neuralink）。

如果全球最大的投资公司之一美林证券说了同样的话，会怎样？美林公司称"我们现在生活在虚拟世界中"，并在 2016 年给投资者的一份报告中宣布，"我们生活在《黑客帝国》中的概率是 20% 到 50%"。

2016 年，是阿尔法狗（AlphaGo）与李世石人机围棋大战，并直升围棋九段的一年，是让全世界都对人工智能感兴趣的一年。与之相比，马斯克和美林证券的话更加受到媒体的极大关注。但是，对于在现实中每天都忙忙碌碌的现代人来说，虚拟世界不过是遥远的未来而已。

2021 年，"元宇宙"重新登场，虚拟世界再次成为全世界热议的焦点。

元宇宙 V.S. 多元宇宙

所谓的元宇宙（Metaverse）是 Meta（超越）和 Universe（宇宙）的合成词，是指现实世界之外的另一个世界，超越现实世界的存在。

2018年上映的《蜘蛛侠：平行宇宙》
讲述了几名平行世界中的蜘蛛侠组成复仇者联盟，击退恶势力的故事

资料来源：NAVER

"超越世界"，这样的提法看起来很酷，但却一时间让人摸不清头绪。比起这句话，我们更熟悉的表达是多元宇宙（Multiverse）。多元宇宙意指多重宇宙，意思是说除了我们现在生活的世界，还有另外一个世界，也被称为平行世界。

说得更简单一点就是，2018年上映了一部名为《蜘蛛侠：平行宇宙》的电影，这部电影里出现了形形色色的蜘蛛侠。影片讲述，在现实世界中有一个叫迈尔斯的男孩，但在另一个世界里，他叫彼得·帕克，是原来的主人公。在另一个世界里，彼得·帕克的女友格温·史黛西是个蜘蛛侠，平行宇宙中还有很多蜘蛛侠。

人们在同一个地球、同一个国家的另外一个现实平行世界里，身份角色发生了变化，这就是多元宇宙。而元宇宙的概念是"现实世界是一个世界，这个现实世界延伸出了一个虚拟世界"，我们再来看看"现实世界的延伸"到底是什么？比如，现实世界中的你是一名 27 岁的新员工，工作时间还不足半年，但在网络游戏中，你既是最高级别的骑士，又是公会会长，颇受众人瞩目。或者，现实世界中的你是一家大企业的课长，但在 YouTube 上却是一名拥有 10 万粉丝的网红。

现在，我们把以现实世界为基础的，并与众多其他世界相关联的世界称为元宇宙，也可以简单地称为"虚拟世界"。那么，为什么会突然出现一个如此晦涩难懂的词汇——元宇宙呢？让我们来看看这个话题的起源。

NVIDIA，宣布开启元宇宙时代

NVIDIA 是一家在半导体行业最热门的公司，公司从显卡起步，引领了超越人工智能的第四次产业革命。在 2020 年 10 月 6 日举行的 GTC（GPU Technology Conference）主题演讲中，NVIDIA 公司 CEO 黄仁勋表示"未来 20 年将与科幻无异，元宇宙时代正向我们走来"，他宣布开启元宇宙时代，这个瞬间

NVIDIA 公司创始人兼首席执行官黄仁勋
在 2020GTC 会议上宣称"元宇宙时代正向我们走来"
资料来源：NVIDIA 公司 YouTube

就像是电影的预告片。

黄仁勋关于元宇宙的演讲内容大致可以总结如下：

1. 如果过去 20 年是惊人的，那么未来 20 年将和科幻没什么两样。
2. 元宇宙时代正向我们走来。
3. 在 1992 年出版的尼尔·史蒂文森的科幻小说《雪崩》中，元宇宙首次亮相。
4. 元宇宙是人类化身和软件代理互动的三维（3D）空间，是继互联网之后的虚拟现实空间。

5. 元宇宙不只是游戏中的世界，元宇宙将创造我们的未来。从元宇宙下载的蓝图，将用来创造真实世界。

6. NVIDIA 的 Omniverse 是一个模拟和协作的平台。在这里，Epic 公司的 Unreal、Maya、Blender、Adobe 和 Autodesk 等新世界得以连接。

7. Omniverse 平台是一个世界，是一款用于创建和学习人工智能代理机器人的模拟器。

元宇宙时代正在向我们走来！

在上述 7 项演讲要点中，值得关注的有 4 个，让我们逐一进行解释。

首先，元宇宙是继互联网之后的世界。互联网革命之后，最大的变革就是移动革命。自 2016 年 AlphaGo 亮相以来，人工智能时代堪称最大的变革，所谓人工智能时代，最终还是与元宇宙相连接。

其次，元宇宙不仅存在于游戏世界中。下面还会提到，一提及元宇宙，最常见的例子就是游戏。可见，游戏被人们广泛使用和熟悉。但是，如果只停留在游戏世界中，不足以称之为超越现实世界的元宇宙。也就是说，在这个虚拟空间里，除了游戏，你还可以享受很多其他形式的"生活"，人们应该更多地关注其与现实世界相关联的部分。

再次，与其他世界相连接。 黄仁勋在提及 Epic Games 的虚幻引擎、Adobe 和 Autodesk 公司时，都使用了"另一个世界"这个词汇。举例来说，《动物森林》和《堡垒之夜》是不同的游戏，这两款游戏完全不同，连开发商都不相同，游戏里所有的东西都不一样，所以两款游戏里的角色是不会相遇的。但是，如果你使用 NVIDIA 的 Omniverse 平台，你可以大胆地设想，让他们能在同一个地方见面。所以，现在不仅各自分别创造世界，还要考虑把每个世界连接在一起，这样的时代已经到来。

最后，用在元宇宙下载的蓝图创造一个真实的世界。 在现实世界中正式建造工厂之前，如果能在虚拟世界中提前模拟，同样在制造智能机器人之前，如果能设置各种环境，模拟测试智能机器人能否正确执行指令，就会减少很多时间和成本投入。所以，这句话也可以解释为超越游戏，重新设计现实。

由此可见，使"元宇宙"一词重新引起全球关注的人是 NVIDIA 的黄仁勋。"元宇宙时代正在向我们走来"，这句话同 1962 年美国总统肯尼迪在休斯敦的演说"我们决定去月球"一样，都将开启一个新时代，并被历史铭记。

在具体探讨元宇宙之前，让我们来看看 1992 年尼尔·史蒂文森的小说《雪崩》，该小说首次提到元宇宙这个词，看看这本书到底记录了什么内容。

《黑客帝国》和《头号玩家》的起点 ——《雪崩》

1999 年上映的电影《黑客帝国》令人既震惊又恐怖,如果说《攻壳机动队》描述的未来至少还有光明的一面,那么《黑客帝国》所描述的未来则是一片阴暗,希望这样的未来永远不要来临。在现实世界中,被机器支配的人们在网络虚拟世界中照常生活着,在这个精致得让人感觉不到现实的深潜世界里,唯一的救赎就是那些在现实中苏醒的人们以及他们等待的救星尼奥。然而,那些生活在幸福的虚拟世界矩阵中的人们,真的愿意再回到阴暗的现实世界中吗?

2001 年,汤姆·克鲁斯主演的科幻电影《香草的天空》向我们展示了一个比现实更美好的虚拟世界。2009 年,由詹姆斯·卡梅隆执导的电影《阿凡达》上映,虽然不是虚拟现实,但腿脚不便的主人公通过意识传输操控纳美族人的身体,如同在现实世界中操控自己的化身一样,很好地诠释了化身的意义。同年,布鲁斯·威利斯主演的《未来战警》也是一部不显山不露水的名作。如果用一句话来形容《未来战警》,那就是"被窝之外的地方都是危险的"。电影向我们展现了一个不一样的世界,由于现实世界太危险,所以把身体安顿在安全的地方,使用化身在现实世界中活动。

终于,2018 年,史蒂文·斯皮尔伯格执导的《头号玩家》上映。

极简元宇宙

想要认识元宇宙，必须要看的电影是《头号玩家》

资料来源：NAVER

主人公韦德在现实世界中生活在贫民窟，但在虚拟世界的绿洲中，他是最受瞩目的玩家帕西法尔。在这个现实与虚拟相连的未来世界里，客串登场的街头霸王、系列机动战士、蝙蝠侠、星际争霸等游戏角色欢聚一堂……足以让全世界为之疯狂。

执导这些电影的导演们无一例外都会提及自己受到过1992年出版的小说《雪崩》的影响。那么这部小说到底描述了什么内容，以至于产生如此大的影响？

《雪崩》的主人公Hiro是个混血儿，他的母亲是韩国人，父亲是非裔美国人。他是最厉害的黑客，也是剑术达人。他参与创造的网络世界的名字就是元宇宙。让人们进入元宇宙的不是 VR，而是接近 XR（混合现实）的眼镜。如此一来，不管是在行走中，还是在交谈中，都能登陆元宇宙。这是一本科技与暴力完美结合的书籍，堪称网络朋克。

但是，为什么这本书到现在还没有被改编成电影，也没有被公认为是一部了不起的小说？其原因就在于它的内容。"雪崩"是一种强大的病毒，它不仅会在元宇宙世界中破解其他人的化身，甚至还能影响现实世界的真实身体。书中描述，全人类的语言是统一的，并讲述了苏美尔人"雪崩"病毒的故事，还把宗教比喻成病毒，记载了通过宗教能改变人类思考方式等容易引起争议的内容。因此，大家普遍认为这本书不太可能被改编成电影。

尽管如此，它依然被奉为如《圣经》般存在的经典著作，它记录了元宇宙的起点，若要认识元宇宙，就有必要读一读这本书。此外，由恩斯特·克莱恩创作的小说《头号玩家》也于 2015 年出版。虽然小说和电影描述的世界观是一致的，但还是有很多不同之处，小说版《头号玩家》比《雪崩》更有趣，有助于人们更快地认识元宇宙世界。虽然小说版《头号玩家》没有像《雪崩》那样留下"元宇宙"的概念，但它让更多人认识了虚拟现实世界"绿洲"。如果我们把即将遇到的元宇宙比作"绿洲"，会更容易理解。

2

元宇宙备受关注的三个原因

一提到元宇宙,我们很容易就会联想到与虚拟现实有关的科幻电影。除了前面提到的《黑客帝国》《香草的天空》《阿凡达》和《头号玩家》之外,还有鲁伯特·山德斯执导的《攻壳机动队》《阿瓦隆》和 Netflix 原创的《黑镜》第五季第 1 集《致命毒蛇》等,看了这些,就能在某种程度上了解元宇宙了。但是,电影中的故事仍然像是虚无缥缈的故事,听起来还是很遥远的未来。

现在,我们需要知道的是,并不是因为 NVIDIA 的 CEO 黄仁勋提到了元宇宙,元宇宙才突然间成为一种趋势,受到世人的关注。元宇宙之所以受到关注,是因为其同时存在着三个热点问题,那就是新冠肺炎疫情、股票相关主题以及 NFT。下面不妨让我们逐一了解一下。

新冠肺炎疫情大流行

2020年,新冠肺炎疫情席卷全球,从根本上改变了我们的生活。人们的出行次数逐渐递减,待在家里的时间要比在户外活动的时间多。更重要的是,新冠肺炎疫情给全世界,而不是任何一个个别地区,按下了"暂停键"。但是,为了继续生活与工作,个人与个人、个人与企业又不能在线下见面,所以出现了各种形式的"数字接触"。

其中,成为新冠肺炎疫情时代"灰姑娘"的,非会议和讲座平台的主导者Zoom莫属。Zoom在2020年8至10月的销售额为7.77亿美元(约合8600亿韩元[1]),与2019年同比增长367%。2020年1月,Zoom的股价为67美元,至同年10月最高点攀升至559美元,截至2021年4月,依然保持在330美元以上。

与游戏相关的公司发展势头强劲,NCsoft、网石游戏(Netmarble)、Neowiz、Nexon GT等游戏公司平均股价涨幅超过30%,其中NCsoft从2020年1月的64.5万韩元涨到2021年2月的最高点102.7万韩元,同年5月,股价也维持在80万韩元左右。人们居家的时间越长,多人联机网络游戏市场就会

---

[1] 1元人民币约合184韩元。——译者注

越来越发展壮大。

人们居家工作、学习、休息和玩游戏。随之而来的是，餐饮外卖配送增多，快捷支付增多，投资和储蓄自然而然地也会变成线上交易。在非接触时代，人们与网络世界相连接的纽带是智能手机，于是智能手机的使用也呈爆炸式增长。受新冠肺炎疫情影响，人们工作、生活、休息等发生的一切改变，都开始与网络世界紧密相连。

这种连接也影响到了每个人的"自我"。随着现实世界的黯淡，所有人都开始幻想着逃离现实并寻求另一个"自我"的出现。我们已经生活在"我的另一个角色"的时代，在现实中有一个"我"，在 Facebook、Instagram、YouTube 上还有另外一个"我"。这些以其他名字或者全新的 ID 身份注册账号，并在社交媒体上开展活动，让人无法识别其真实身份的身份都叫作"我的另一个角色"。Kakao Talk 最近推出了一项叫作 Multi Profile 的功能，用户可以在自己的头像图片上添加最多 3 个头像，并设置哪些联系人可以看到这些头像，正是这一流行趋势的具体表现。可见，疫情使我们在日常生活中关于现实和虚拟的界限日渐模糊。

股票相关主题

第二个关键词是"股票"，股市总是需要新的主题。2021

第一章 元宇宙，是泡沫？还是未来？

60% 以上的美国青少年在玩 Roblox 游戏，Roblox 的角色很像乐高

资料来源：Roblox 官网 www.roblox.com

年初，伴随着元宇宙成为社会焦点，最受关注的地方是游戏公司 Roblox。但是，对韩国人来说，如果你问他知不知道 Roblox，10 人中就有 9 人回答不知道。

Roblox 是类似于《我的世界》的一款游戏，这是一款沙盒式游戏，可以在游戏中做任何事情。你可以用多种方式修饰自己的角色，在 Roblox 里可以享受很多种游戏。

此外，在美国，超过 60% 的 9—12 岁儿童是 Roblox 的用户。美国儿童说，与 Facebook 和 YouTube 相比，他们更喜爱 Roblox。单从设计来看，这款游戏很一般，甚至看起来有些粗糙，它之所以在韩国也受到关注，其主要原因就在于它上市了。

2021 年 3 月 10 日，在纽约证券交易所上市的 Roblox 公司股票基准价从45美元飙升至69.5美元，仅企业价值就达371亿美元（约42兆韩元）。该公司营业损失为2.53亿美元（约合2870亿韩元），却比Nexon公司（市值约33兆韩元）和NCSOFT公司（市值约20兆韩元）的市值还要高，原因就在于元宇宙这个热点问题。从上市后公布的数据来看，2021年第一季度Roblox营业额为3.87亿美元（约合4330亿韩元），同比增长140%，用户数量也达到4210万人，比2020年增长79%。3月，用户的登录时间也达到了97亿小时，同比增长了98%，未来有望继续增长。

随着元宇宙一词被更多的人知晓，Roblox的股价也在持续上涨，在韩国，"元宇宙主题股"也火了起来，相关股票也引起了人们的极大兴趣。仅到2021年3月，Sunic system涨幅达143%，韩光软件涨幅高达89%。在不断需要新主题的股票市场上，"元宇宙"是一个非常适合的主题，人们也从此开始将目光投向了它。

但是，很多人担心，对元宇宙的关注将会一边倒式地结束，而终结这种担忧的又一热点出现了，即NFT（非同质化代币）。

NFT

"just setting up my twttr"（我刚刚建立了我的Twitter账户），这句话是Twitter的创始人杰克·多西（Jack Dorsey）于2006

第一章 元宇宙，是泡沫？还是未来？

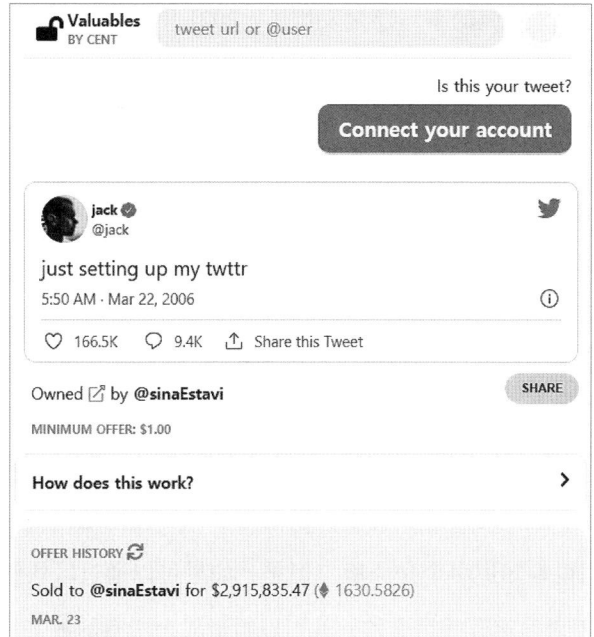

杰克·多西发布的第一条推文，拍出了1630以太币（Ethereum）（约合290万美元、33亿韩元）的高价

资料来源：Valuables 主页（v.cent.co/tweet/20）

年5月22日在Twitter上发布的第一条推文。2021年3月，杰克·多西拍卖了这条推文。

如果是你，你愿意支付多少钱购买这条推文？就算拍卖成交，也收不到线下证书，或者图像文件邮件。那么你买的是什么呢？正是对这条推文的"所有权"，成交即意味着昭告全人类，"这条推文是我的"。

17

最终，荒诞的事情还是发生了，2021年3月7日，这条推文以290万美元成交（约合33亿韩元）。难道这条推文里隐藏着我们不知道的东西吗？（顺便说一句，杰克·多西决定把此次竞拍的全部销售收入捐给受疫情困扰的非洲人民。）

我们来重新梳理一下，这场拍卖成交后，既收不到实物，也收不到电子文件，只是得到了这条推文的"所有权"。那么中标的@sinaEstavi如何证明自己是这项资产的所有人？能解答这个问题的，就是不可伪造亦不可篡改的NFT（非同质化代币）。

NFT是其他任何东西都无法与之交换的独一无二的"原件"，由于数字制作的图片、音乐、影像等都可以无限地被复制，所以我们很难知道哪个是原版。但是，如果可以通过区块链方式的NFT来确定哪些是原件，就可以给世界上所有的数字商品提供不可替代的原始证明。一言以蔽之，就是可以证明谁是真正的主人。如果能把元宇宙中的角色、商品、房地产和NFT结合起来，那么曾经购买数字商品的费用就不会消失，而是变成了投资成本。尽管如此，令人遗憾的是目前市场关注的焦点还只是竞争激烈、交易额惊人的NFT价格。关于NFT，第三章有详细解读。

由此可见，随着"新冠肺炎使虚拟与现实的界限变得模糊""Roblox使股票市场备受关注""NFT成为热点"等三个话题的出现，元宇宙即将成为未来的趋势已有所显现。

3
解读元宇宙投资的机会

重新梳理一下,很明显,有一股巨大的潮流正在涌来,我一直以为元宇宙是渺茫的,并没有实体,但是,NFT 把元宇宙与现实连接起来,最重要的是,出现了资金流动的变化。

那么,我们该怎么办?这似乎很荒唐,我们还是静观其变吧。或者,等热潮退却,大家都清醒过来的时候,说上一句"瞧,我不是说过了吗"。千万不能这样,从现在开始,我们要认真做好准备,迎接即将到来的变化。

小企业的崛起,大企业的革新

元宇宙是远方的波涛,现在,越来越多的人在谈论元宇宙,预示着平静的海浪即将席卷而来。没有人知道，它会不会变成滔天巨浪。但是，如果我们什么都不做，只是坐以待毙，也许眨眼间就会被使"席卷"到远方，再也回不来了。

2009年，我们已经跨越了"移动革命"的浪头。2015年以来，我们一直矗立在"金融科技"的潮头。以每5年为一个周期，就会有一个新的浪潮袭来，每次都能让端坐潮头的企业获取更大的发展。

2009年，iPhone进入韩国市场；2010年，Kakao Talk闪亮登场。全体国民都在智能手机上下载了Kakao Talk，但该公司未收取任何费用。在过去的十年间，Kakao收购了韩国第二大门户网站，还将业务拓展至Kakao银行、Kakao Pay、Kakao移动、Kakao Investment等多个领域。截至2021年4月，公司市值达到了53兆韩元，已成长为韩国第五大企业。

NAVER的发展更加了不起，NAVER从"门户网站"开始发展，门户网站的核心在于"开机页面"。当时，若想通过互联网搜索，必须要登录NAVER等门户网站。因此，像NAVER、DAUM和NATE等类似的公司都在"搜索窗口"旁设置大量的条幅广告，从而盈利。

但是，随着iPhone的出现，移动时代正式来临，很多事情都发生了变化。不用通过门户网站，通过社交媒体和Kakao Talk，就可以用自己的方式徜徉在互联网的海洋里，门户网站面临着危机。之所以说NAVER厉害，原因就在于，NAVER不像其他大公司那样固步自封，而是迅速地适应了变化。

NAVER迅速推出了手机APP，经过大幅改版，像谷歌公司一样推出了简洁的手机应用程序。把购物和新闻栏目分离，底部加入了叫作"绿点"（Green dot）的快捷键，包括镜头、语音、我的周边、搜索等服务。NAVER迅速适应了变化，截至2021年4月，其市值达到64兆韩元，在韩国排名第三。

如果从2009年以来，我们坚持不懈地关注手机的变化，并投资包括Kakao和NAVER，还有Kupang（库邦）、外卖的民族、Toss等公司，以及微软、苹果、Facebook等海外IT公司，结果会是怎样？如果我们在2010年买入Kakao的股票，当时每股股价只有15000韩元，Naver每股售价也仅为5万韩元。2021年初，Kakao股票分割为11万韩元（分割前为55万韩元），NAVER股票分割为34万韩元（2018年面额分割前为70万韩元）左右，如果当时投资，我们将会获得无法想象的庞大收益。

每当变革的浪潮来袭，我们都能看到一些小微企业的崛起和大企业的创新，元宇宙带来的改变也是如此。现在，如果你认为元宇宙是大势所趋，那么有必要关注相关的业务和公司。之所以要关注业务和公司，是为了避免被传闻所席卷。如果投资于传闻，你就只能靠希望支撑下去。如果你了解业务并进行投资，就等于投资了未来，可以拥有良好的心态。

元宇宙的时代，潜力巨大的领域

即使我们不知道元宇宙时代是在现在，还是在何时才能到来，但是当元宇宙时代来临的时候，潜力巨大的领域有哪些呢？与其去钻研那些困难而又复杂的技术，不如简单地梳理一下思路。

为了使虚拟世界更加真实地呈现出来，首先需要的是"装备"。不管是戴在头上的，还是需要躺着进入的虚拟现实机器，总之我们需要接入装备。装备中最重要的部分是"镜头"，因此对比度更高、速度更快的超级 AMOLED（有源矩阵有机发光二极体面板）备受青睐。为了更逼真地进入元宇宙世界，除了传输视觉和听觉，还需要触觉，虚拟现实触觉装备"特斯拉套装"是能实现这一目标的绝佳工具。

只要拥有装备就能真正地体验元宇宙吗？不是的，还需要有"内容"。为了创作内容，需要各方面的团队合作，包括能够开发虚拟现实的技术开发者、能够设计元宇宙内部所有事物的设计师，以及能够赋予内容含义的故事创作者等。

为了使在元宇宙内购买数字商品影响现实世界，需要进行结算或交付的平台，因此需要金融业做好相应的准备。从 NFT 的发展情况，大致可以了解到这一趋势的必然性。

最后，如果这是一个能把全人类连接在一起的世界，那么

第一章 元宇宙，是泡沫？还是未来？

特斯拉套装是一套能把身体的所有感觉同步到虚拟现实中的装备

资料来源：特斯拉官网（teslasuit.io）

应该构建多么快捷、多么稳定的网络环境？当然需要比现在的 5G 网络速度更快，性能更稳定的服务器。

到目前为止，我们所谈论的一切，是任何人都能轻易想到的内容。读到这里，你的脑海中一定会闪过一两个公司或业务的名称。从现在开始，我们要学习元宇宙，不管你是想投资还是想拓展事业，都需要提前做好准备。

为了做好应对未来的准备，需要足够的想象力和支撑这些想象的依据。元宇宙还是一个没有完全开发的市场，人类还有很长的路要走。因此，不要被一时的传闻所迷惑，应该用更长远的眼光来看待元宇宙。为了不让自己的意识被动摇，需要正确地看待和认识元宇宙。

4
元宇宙的四种形态

在维基百科上搜索"元宇宙",美国电气电子工程师协会IEEE给出的定义是"与被感知的虚拟世界相连接的先进的互联网世界,它由永恒的三维虚拟空间组成"。非盈利技术研究组织Apache软件基金会(ASF)给出的定义是"被虚拟所增强的物理现实与物理性永久虚拟空间的融合"。这些定义晦涩难懂。

让我们来具体分析一下ASF所下的定义,根据ASF的定义,元宇宙可以区分为"增强与模拟""内在与外在",在此基础上可区分为增强现实、虚拟世界、生命日志、镜子世界四种类型。让我们结合具体事例来加深理解。

第一章 元宇宙，是泡沫？还是未来？

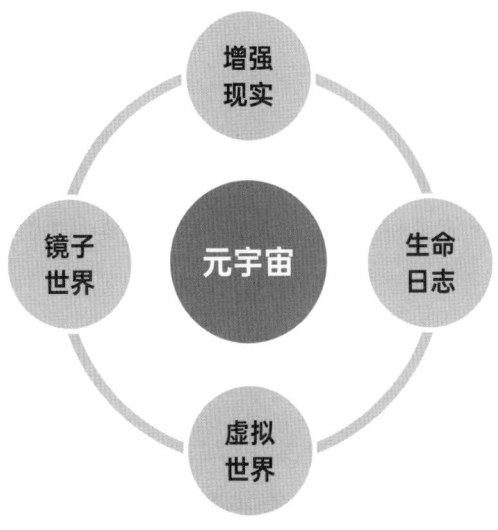

元宇宙的四种形态

增强现实

增强现实（Augmented Reality）是指，在现实世界中可以看到虚拟的角色、道具和物体。比如，在动画片《七龙珠》中侦察敌人的侦察员，在电影《终结者》中终结者看到人类时显示的数据，以及在《复仇者联盟》中钢铁侠注视人类时所看到的现实中大量数据等，都是增强现实。说得再简单点儿，我们可以体验的 AR 游戏《口袋妖怪》以及谷歌眼镜等也是增强现实。

25

虚拟世界

虚拟世界可以分为两种，一种是像电影《头号玩家》一样，是我们所有的意识和感觉都融入虚拟现实世界，并展开活动的超虚拟世界，另一种是我们的身体虽然在现实世界，但是通过屏幕（画面）进入虚拟世界开展活动，比如游戏《动物森林》和《堡垒之夜》。

那么，2018年热播的电视剧《阿尔罕布拉宫的回忆》是增强现实还是虚拟世界？这部剧所采用的技术是两者兼而有之的混合现实XR，因为人们可以实时同步出现在现实和虚拟世界中。虽然，未来是朝着元宇宙世界的方向发展，但从技术难度来看，还需要等待相当长的时间。

生命日志

生命日志（Lifelogging）是指自动记录我们日常生活中所看到、听到和感受到的所有信息，SNS就是典型的生命日志。根据ASF的定义，我们每天都使用的Instagram、YouTube、Facebook等社交媒体都属于元宇宙。因为，在网络世界里"用户"和"化身"代替我与无数人建立了关系，但那并非现实中的我。展开来讲，除了SNS，通过三星健康APP、苹果健康APP和耐克 APP 等软件，我们的运动数据被存储在服务器上，并与其他人建立连接，这同样也是元宇宙。

镜子世界

现在，请拿起镜子照一照自己，在现实世界中有一个"我"，在镜子里也有一个"我"，再用镜子照一照周围，其他事物同样出现在镜子里。这个将现实投影到镜子中的世界就是镜子世界。看看"谷歌地球"，会更容易理解这一概念。

谷歌地球是 2005 年由谷歌公司推出的虚拟地球仪，能通过卫星照片看到全世界的样子。不仅如此，它还与谷歌街景相连接，

世界上最精巧的地球仪"谷歌地球"，在 Chrome 浏览器中点击登录即可
资料来源：谷歌官网（www.google.co.kr/intl/ko/earth）

如果想看埃菲尔铁塔,就在谷歌地球上找到巴黎,然后放大浏览即可

资料来源:谷歌地球官网

可以浏览高清周边场景。只须一个谷歌地球,就能周游全球。

如果你想看埃菲尔铁塔,可以点击巴黎,放大图像浏览;如果你很好奇纳斯卡荒原神秘的"地面巨画",只须搜索并按下 Enter 按钮即可。这种体验使人感觉自己变成了超人,能飞上天空。如果再配备 VR 技术,那时人类就可以轻而易举地去世界各地旅行,如同亲身经历一般。这个照搬现实的世界即被称作"镜子世界"。

从将现实照搬进虚拟世界的意义来看,像"外卖的民族"和 Coupang Eats 一样,把现实世界的店铺搬到网上,或者使用

Zoom 软件进行学习等,这些同样可以定义为镜子世界。但是,如果照这样的方式来延伸镜子世界的范畴,那么镜子世界的范围就太大,也太复杂了。

在我们了解了元宇宙的四种形态后,也许用一句话就可以形容元宇宙,即"一个与现实互动的虚拟现实世界"。在这个虚拟现实世界里,人们通过化身开展活动,人工智能或许也以化身出现,是一个相互作用的空间。

当然,虚拟世界正式到来还是很遥远的事情。那么,初现端倪的元宇宙正在朝着什么方向发展?在接下来的第二章中,我们将通过已经体验过的各种游戏来详细了解一下。

小贴士 TIP

有助于理解元宇宙的电影

头号玩家

电影　Ready Player One　2018

首映	2018.03.28
等级	12 岁以上可以观影
类型	动作、科幻、冒险
国家	美国
时长	140 分钟
出品公司	华纳兄弟

简介

2045 年，现实世界一片混乱，与之相反，人们在虚拟现实绿洲（OASIS）中能以自己喜欢的角色身份活动，可以去任何地方，做任何敢于想象的事情。韦德·沃兹（泰尔·谢里丹饰）唯一的乐趣是登录很多人聊以度日的绿洲。一天，绿洲的创始人、鬼才詹姆斯·哈利迪（马克·里朗斯饰）留下遗嘱，能够率先完成自己隐藏在虚拟现实中三个任务的人，将继承绿洲的所有权和巨额遗产，并告知在他所钟爱的 20 世纪 80 年代大众文化中有提示。一直仰慕詹姆斯·哈利迪的少年韦德·沃兹成功解开第一个谜。为了阻止韦德，一家名为"IOI"的大企业蠢蠢欲动，甚至不惜在现实中杀人。绿洲承载了大家的梦想和希望，为了守护绿洲，必须夺冠！而为了夺冠，还需要来自现实世界的友谊和爱情的力量……

黑客帝国

电影　The Matrix　1999

首映	1999.05.15
等级	12 岁以上可以观影
类型	科幻、动作
国家	美国
时长	136 分钟
出品公司	华纳兄弟

简介

这是一个连人类的记忆都要由 AI 进行输入和删除的世界，在比真实世界还要真实的虚拟现实"矩阵"中，人们受到控制，认不清到底是不是真正的现实。逃离"矩阵"的墨菲斯是足以对 AI 构成威胁的人物，他一直在寻找和自己一样能拯救人类的最后的英雄。最终，墨菲斯认定青年尼奥就是他要找的英雄。白天，尼奥是一个普通的公司职员，晚上却是一名黑客……现在，他们二人终于相遇，共同开创全新的世界！

香草的天空

电影　Vanilla Sky　2001

首映	2001.12.21
等级	青少年可以观影
类型	悬疑、恐怖、科幻、浪漫
国家	美国
时长	135 分钟
出品公司	UIP 韩国

简介

大卫·艾姆斯以与众不同的魅力和雄厚的财力吸引了无数女性的目光，他在经营出版社和杂志社时遇到一个叫茱丽的女人。有一天，大卫认识了来参加自己生日派对的朋友布莱恩的爱人索菲亚，并对她一见钟情。大卫认为她就是自己的梦中情人，索菲亚也被大卫吸引，两人陷入热恋。但是，被大卫抛弃的茱丽被嫉妒和愤怒冲昏了头脑，开始跟踪他们，甚至想与大卫同归于尽。事故发生后，大卫勉强保住了性命，但却被毁容，由此开始经历了一系列越来越奇怪的事情。

阿凡达

电影　Avatar　2009

首映	2009.12.17
等级	12岁以上可以观影
类型	科幻、冒险、动作、战争
国家	美国
时长	162分钟
出品公司	Harrison & Company

简介

为了解决地球能源枯竭问题，人类把目标投向潘多拉星球，与原住民纳美族人对立起来。在这个过程中，前海军陆战队队员杰克·萨利（萨姆·沃辛顿饰）通过"阿凡达"计划进入纳美族人的核心地带，一场战争不可避免！所有人的命运都掌握在杰克的手中！一个无法想象且史无前例的世界即将开启！阿凡达是综合人类和纳美族DNA而创造的，是一个通过链接受人类意识操控的新生命体。

未来战警

电影　Surrogates　2009

首映	2009.10.01
等级	15岁以上可以观影
类型	动作、科幻、恐怖
国家	美国
时长	88分钟
出品公司	Touchstone Pictures

简介

这是一场为了人类的重生而展开的战争！为了让人类活得更有尊严，科学家结合机器的无限可能发明了"代理机器人"即未来战警。故事以代理机器人所主导的看似百分之百安全的未来世界为背景展开。但是，随着未来战警遭到攻击，导致用户死亡这个前所未见的杀人事件发生后，一切开始变了模样。格里尔（布鲁斯·威利斯饰）在调查案件的过程中发现受害者不是别人，而是发明未来战警的科学家的儿子，并意识到有一种致命武器会使人类灭绝。现在，改变人类命运的战斗任务即将打响！

第二章

已经初现端倪的未来，体验元宇宙

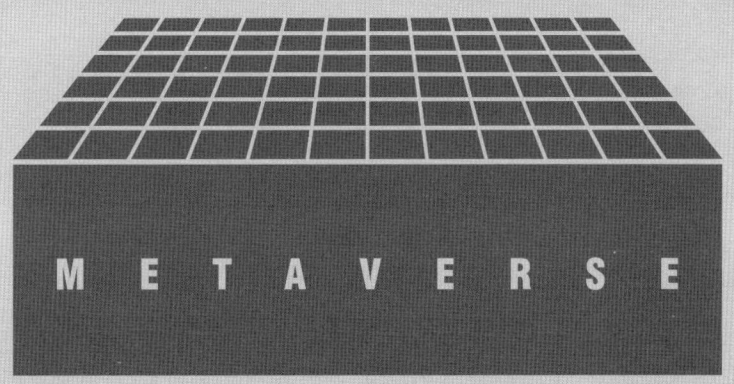

1

构成元宇宙的三大要素

提起元宇宙,要介绍的代表作品是电影《头号玩家》和游戏 Roblox。但是,无论如何对比,两者的差别都很大。《头号玩家》的"绿洲"是一个虚拟现实世界,在其中可以真切地感受现实,与之相比,Roblox 在图形和内容方面都显得有些不完整。

两者的差异主要表现为:玩家在哪里?是否需要 VR 设备?《头号玩家》里的玩家在游戏中,而 Roblox 的玩家在游戏外,要通过电子屏幕登录和活动。《头号玩家》需要配备 VR 设备和触觉套装等多种装备,而 Roblox 只须有一部智能手机,就可以随时随地登录。

那么，类似 Roblox 这样的游戏都可以称为元宇宙吗？不是的。从所有的游戏都不是现实而是"虚拟"这一点上来看，可以把它们称为虚拟世界，**但是游戏中的虚拟世界要成为元宇宙，需要具备三个要素，即"自由度""社交（沟通）"和"收益化"**。下面，我们来详细了解一下。

自由度

在很多游戏中，比如《最终幻想》系列和《勇者斗恶龙》等，我扮演游戏中的一个角色（如勇士、骑士或巫师等），完成设置的任务，击退魔王，为世界带来和平，这种游戏叫作角色扮演游戏（RPG）。包括扮演成骑士去冒险打败魔王的动作游戏《魔界村》，扮演成小恐龙用泡沫与敌人搏斗的动作冒险游戏《泡沫冒险》，还有格斗游戏《街头霸王》和《铁拳》等都是角色扮演游戏。

这些游戏都有既定的故事情节和角色，所以能赋予玩家的"自由度"相对缺失。可以称得上"自由度"的就是，在游戏开始的时候有无可挑选的角色，或者在剧本中是否有部分分界点等。但是，要成为元宇宙，需要高度自由的环境。元宇宙应该反映现实世界，我们生活的现实不是拼凑的生活，所以自由度很高。游戏也是如此，之所以要有一个高度的自由度，是因为玩家可以在游戏里创造一个跟现实一样的世界，这是不可能一次性完成的，需要玩家反复登录来执行任务。

社交（沟通）

成为元宇宙的第二个要素就是"社交中的沟通"。一个人自己玩游戏，或者与别人联机玩游戏，其中的差异还是很大的。当然，现在大多数游戏都可以戴着耳机边玩游戏边聊天。但是，在元宇宙上，即使不用"音频"来传达话语，通过游戏里的沟通和手势就能传达自己的意见，不仅如此，还可以和别人进行物品交易、结伴打猎等，开展一些更积极的沟通交流。

收益化

第三个要素是"收益化"。所谓的"收益化"是指，如果玩家在一款"自由度"既定的游戏里自由地创造城市、塑造角色，或者制作另一款游戏，那么能否通过这些行为赚到现实世界里的钱。

当然，以前也有过在游戏里通过销售装备变现的情况。在元宇宙，这种盈利行为被合法化，玩家不仅可以在元宇宙里销售自己制作的物品、建筑物甚至土地，获得网络货币，还可以把网络货币转换成现实世界的货币。现在，玩游戏不再是脱离现实的"浪费"，而是成了真正带来收益的经济活动。

元宇宙将会成为一个富有吸引力的世界，不仅能促进那些在现实世界中还没有找到合适工作的人就业，还能创造一个与现实完全不同的收益渠道。能否拥有这种收益化系统是决定元宇宙竞争力的强有力因素。

那么，Roblox 是唯一能让玩家在虚拟世界中自由自在地生活，并与其他玩家享受互动的元宇宙游戏吗？当然不是。现在，我们就来了解一下那些我们此前就体验过却浑然不觉的元宇宙游戏吧。

2

我们已经体验过的元宇宙游戏

《风之国度》和《天堂》所创造的元宇宙的世界

作为游戏强国的韩国,早在 1996 年就推出了首个商业化的图形游戏《风之国度》。任何人都可以免费注册会员,在修饰自己的化身后,就可以登录《风之国度》。在这里,你可以和别人聊天,也可以开派对。只要你愿意,无须提高等级,就可以自由进退游戏。从这个意义上来说,《风之国度》算是最早的元宇宙游戏。更让人吃惊的是,其电脑版本持续更新超过 25 年,甚至在 2020 年还推出了手机版。

随后,1998 年《天堂》问世。在此游戏中,玩家可以与其

巴茨解放战争

资料来源：天堂官方博客（blog.ncsoft.com/play/lineage）

他玩家歃血为盟（公会），成为圣主，与其他势力作战。可以从 Itembay 等网站上用现金购买游戏中需要的道具，还可以打包销售精心打造的角色账号。人们可以在游戏中相遇，甚至结婚，还可以在游戏里以游戏角色的身份举行婚礼，招待宾客，宾客当然也要以角色身份参加婚礼，这种盛大的场面是常有的事。

《天堂 2》被推出后，足以载入游戏史的故事诞生了，那就是"巴茨解放战争"。简单介绍一下，拥有最强势力的公会（血盟）控制了名为"巴茨"的游戏服务器，其他玩家要在那里打猎需要缴纳高额的税款，如果不听招呼就不能玩游戏，强行闯入者会被杀死。为了对抗这种霸凌行为，小股势力公会开始集结，出现了"帝国军"和"反抗军"等电影题材中才有的故事情节。在其他服务器上活动的用户为参加战争，还重新塑造了角色与

"帝国军"展开厮杀。这些新塑造的人物角色都穿着内衣活动，所以被称作"内衣团"。

这么一看，是否可以认为韩国早在20年前就开始启动元宇宙了？从《天堂》开始一直到现在，始终作为传奇游戏占据一席之地的是2004年暴雪公司推出的《魔兽世界》。

《风之国度》《天堂》《魔兽世界》等游戏虽然具备了比其他游戏更高的自由度，但这种自由度并不完美。因为游戏应该具有一定的"平衡度"，所以玩家不能随意创造装备或改变地形等。

这些游戏使一大批人沉迷于其中而无法自拔，变成废人：为了购买游戏武器和装备，有些人在游戏中每月消费超过30万韩元，这样的故事屡见不鲜。即使不玩游戏的人也都听说过《天堂》的一款名为"执行剑"的装备售价高达3000万韩元吧（目前还出现了售价超过10亿韩元的装备单品）。

《第二人生》

如果能有一款游戏，它的自由度相对较高，不需要执行特殊任务，玩家只要在游戏中生活即可，那会怎么样？2003年出品的《第二人生》就是这样一款游戏。

《第二人生》，是指"让第二个人生在网络世界里生活"。林登实验室（Linden Lab）的首席执行官菲利普·罗斯德尔说，

在《第二人生》中,玩家只须在另一个世界生活即可

资料来源:《第二人生》官网(www.secondlife.com)

这是他受到《雪崩》的启发而打造的一款游戏。从区别于《风之国度》的意义上来讲,这是首款体现元宇宙的游戏。

《第二人生》这款游戏的自由度相当高,仅从化身来讲,就分为基本款经典化身和网格化身,包括非人形的动漫、动物、兽人等,甚至如果本人愿意,也可以把化身设置成植物或外星生命体来登录游戏。

虽然没有需要执行的任务,但是可以在游戏中享受其他体验。第一项是会议,在游戏中可以进行一对一聊天或群聊。第二项是旅行,从太空到地狱,可以到达人们能够创造出来的任何地方,可以一天到晚专注于旅游。第三项是游戏,《第二人生》里面有很多款迷你小游戏,玩家可以一起狩猎或者战斗。

《第二人生》之所以在全世界备受青睐，是因为其具备了前面提到的三个要素中的"收益化"，就是可以开展与金钱有关的经济活动。在《第二人生》里面通用的货币是"林登美元"，你可以用它在《第二人生》里面购买土地，还可以把自己的土地租赁给其他玩家，或者搭建建筑物，赚取另外的收益。

这些收益不仅是可以在游戏中流通的虚拟货币，也可以在名为 Lindex 的交易所兑换成现实中的美元。当然，现实中的美元也可以兑换成林登美元。也就是说，游戏开发商林登实验室发挥了中央银行的作用。据说，2006 年全年，其交易规模高达

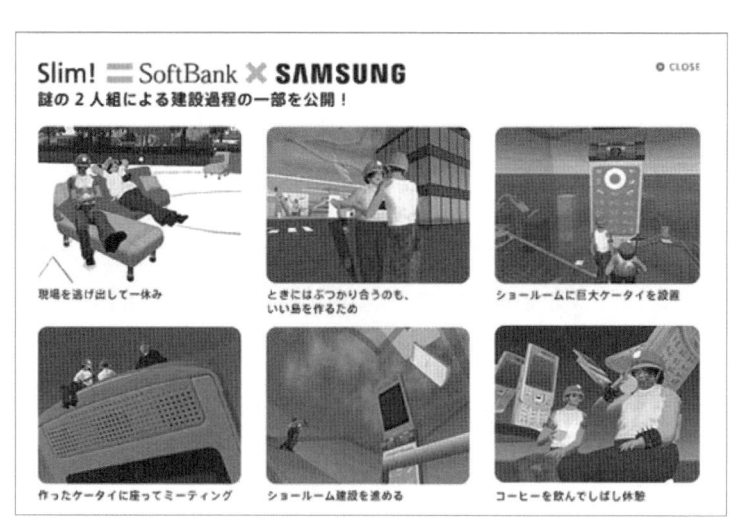

在可实现经济活动的《第二人生》中，
三星电子和软银等企业纷纷开设商店，开展宣传活动
资料来源：软银

8800万美元,这毫无疑问吸引了企业和个人的关注。

现实世界中的我因为就业问题而焦虑,但在免费登录的游戏《第二人生》中,我能在别人的店里工作赚钱,于是,越来越多的人开始沉迷游戏。实际上,当时出现了每月收入超过5000美元的用户,很多企业也开始表现出了兴趣。

2007年,三星电子与软银合作,在《第二人生》内开设了"软银×三星"并进行推广。阿迪达斯、丰田、索尼、IBM等众多公司也纷纷在《第二人生》内开展宣传活动,戴尔电脑在游戏中接受PC订单,在现实世界中交付产品。目前,我们能想到的关于元宇宙的所有概念都通过《第二人生》得到了实现。

《第二人生》为什么失败了?

《第二人生》为什么没能持续到现在?我认为有以下四个原因。

第一,存在语言障碍。游戏内的服务完全按照美国风格制作,非英语圈用户在第一次登录时往往会感到惊慌失措。在和别人进行沟通时,只要英语不是母语,即使口语非常流利,也会感到不舒服。尽管可以在游戏内购买翻译机,但语言障碍依然存在。

第二,在反映现实世界的过程中所发生的性问题、赌博问题、暴力问题等没有得到解决。针对游戏内发生的性骚扰等话题,完全没有保护未成年人的功能设置。除了正当的商业活动外,通过非法赌博获得的钱款,也都会涉及税收问题。此外,当对其他角色实施暴力时不会受到惩罚也是一个问题。虽然把现实世界搬进了游戏,但相应的解决方案并不完善,因此,服务越继续下去,问题也就越大。

第三,没有目标的生活也是一个问题。尽管没有必须执行的任务可以获得自由,但在现实世界中,如果突然间获得了过多的自由,人们就会不知所措,不知道该做些什么。如果登录游戏后并没有特别要做的事情,那就没有必要登录了。

第四,社交媒体(SNS)的崛起。事实上,这是最大的问题。2004年和2006年,Facebook与Twitter亮相后,那些曾经在《第二人生》相遇并享受对话交流的人,就没有必要非得用网络世界的化身去认识其他人了。除了那些通过《第二人生》赚取利润的经济活动外,其他一切活动都可以被社交媒体取代。

特别是,2009年iPhone面市后引发的移动革命,宣告了《第二人生》的死亡。社交媒体更方便沟通,再加上可移动互联网的属性,使人们无论何时何地都能快速简便地建立连接。人们对只能坐在电脑前享受《第二人生》的热情冷却了,也许这也是理所当然的事情。

从2004年Facebook问世到现在,社交媒体的发展已经领先于社交游戏(我们通常把《第二人生》类游戏称为社交游戏)。但是,随着时间的流逝,社交游戏的反击正在逐步展开。

3

社交游戏的反击，与现实相连接

任天堂（Nintendo）

反击始于永恒的治愈游戏《动物森林》，是一款在任天堂64（Nintendo 64）主机上使用的游戏，发布于2001年。

当时，大多数游戏的主题都是营救被绑架的公主（《超级马里奥》），或击退僵尸（《生化危机》），又或者一对一格斗战胜对方（《铁拳》）。玩家们的实力越来越强，游戏的难度就越来越大。为了获得更高的分数，更快地晋级，玩家之间的竞争非常激烈。在游戏成为潮流的情况下，游戏制作人手冢隆志想："如果制作一个没有任何目的的游戏，会怎么样？"于是，《动物森林》系列游戏应运而生。但是，类似任天堂64这样的游戏机有一个

任天堂 64 是 1996 年 6 月任天堂公司发售的家庭版游戏机，由于它的 CPU 采用 64 位计算，于是被命名为任天堂 64

资料来源：任天堂官网

缺点，那就是要和"控制台"，也就是电视显示器连接，所以只能在固定的位置玩游戏。

终于，2005 年推出了便携式游戏机任天堂 DS《欢迎来到动物森林》，掌机于 2007 年正式在韩国发售，吸引了无数粉丝。2020 年在新冠肺炎疫情困境下，Nintendo Switch 平台推出了《集合啦！动物森友会》，到 2020 年 12 月底售出 3118 万张游戏卡带，人气爆棚。这主要是因为，人们受疫情影响感到抑郁，而这款游戏给大家带来了舒适感。

人们之所以喜欢《集合啦！动物森友会》（简称集森会），是因为它拥有"我的设计"和"梦想号"等 DIY 功能。"我的设计"是指在游戏里 DIY 设计服装、地板、瓷砖等功能，马克·雅可布（Marc Jacobs）、华伦天奴等公司把其新款商品在《集合啦！

第二章 已经初现端倪的未来，体验元宇宙

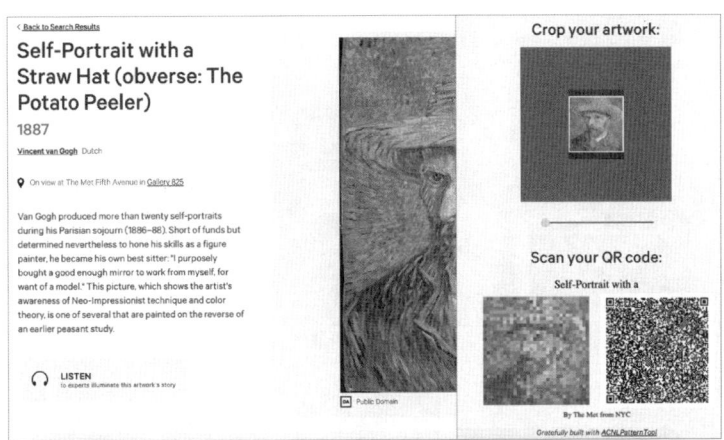

在纽约大都会艺术博物馆里搜索作品后，点击"共享"按钮，就会出现《动物森林》图标，点击图标会弹出二维码，将其加载到 Nintendo Switch 平台后，即可欣赏作品

资料来源：纽约大都会艺术博物馆官网（www.metmuseum.org）

动物森友会》中发布（现在也可以在马克·雅可布的 Instagram 和 Twitter 上获得服装设计码）。纽约大都会艺术博物馆甚至也把所拥有的作品投放到游戏中。

"梦想号"同样是一个有趣的功能，用户可以把自己创建的岛屿通过"梦想号"向其他玩家公开，也可以利用它去其他玩家的岛上玩，而且，因为是"梦"，所以即便其他玩家来玩，把岛屿弄乱了，实际上自己的岛并没有受到影响。由于能够互相邀请，富有创意的用户正在向其他人公开自己创造性的梦想之岛。**企业和机构是绝不会放弃的。只要知道公开的梦想代码，任何人都可以去玩，人人都可以发出邀请服务。**

49

拜登在《动物森林》里创建的梦想号（7286-5710-7478），他把《动物森林》用作与年轻选民沟通的平台

资料来源：《集合啦！动物森友会》

LG Display 公司在《动物森林》里设置的"OLED 岛"梦想号（7677-3136-5978）

资料来源：《集合啦！动物森友会》

2020年美国大选期间，候选人拜登团队通过"我的设计"发布了支持拜登的标志牌，创造了拜登岛并通过"梦想号"进行公开，来到该岛的支持者们可以自由地环顾岛屿，与"拜登"互致问候，还可以参观选举阵营。这是一个非常好的策略，能够吸引那些由于疫情而不得不待在家里的年轻人。

2021年3月，LG Display公司创建并公开了"OLED岛"，设置了寻找隐藏在各处的LG OLED电视等各种游戏元素，引起了大家的关注。

原本大家认为，《动物森林》仅仅是一款孩子们喜欢、大人也开始悄悄喜欢的游戏，现在，我们应该改变这种想法。因为游戏已经在影响现实，现实又对游戏具有反作用。

《我的世界》（Minecraft）

就像孩子们在游乐场里用沙子制作各种造型玩耍一样，这种使用游戏中提供的工具进行自由创作并且生活的空间被称为"沙盒"。虽然《动物森林》也属于沙盒类游戏，但最有名的沙盒游戏还是《我的世界》。

《我的世界》是一款由瑞典Mojang工作室开发的游戏，2009年发布试用版，2011年正式投入市场。顾名思义，它是一款可以玩采矿和制作（工艺）的游戏，自由度相当高。最初的故事是从无人岛开始的，玩家随意利用岛上的资源（石头、

沙盒游戏的代表作品不是《动物森林》，而是《我的世界》
资料来源：《我的世界》官网（www.minecraft.net）

树木等）建造房屋、制造武器、制作食物，到了夜晚，躲避蜂拥而至的僵尸并生存下来的游戏。"创造者模式"开启后，玩家如同变成神一样，可以自由飞翔在空中，还可以搭建各种建筑物。截至 2020 年，这款游戏在 Windows、Mac 和 Nintendo Switch 等各种平台上销售数量超过 2 亿个，月平均用户数量超过 1.26 亿人。如果没有《我的世界》，就不会出现 YouTube 主播 Ddotty 和 Sleep ground。

2014 年，微软以 25 亿美元收购了 Mojang。当时，微软首席执行官萨蒂亚·纳德拉表示，"游戏发挥着移动和 PC 的桥梁作用，《我的世界》是一个伟大的平台"，以此阐明了收购

第二章 已经初现端倪的未来，体验元宇宙

受疫情影响，户外活动受限，青瓦台在《我的世界》上举办了儿童节活动

资料来源：韩国青瓦台 Youtube

的理由。现在，这个选择被证明是非常正确的。《我的世界》推出的教育版本支持编码课程，正在发展为适用于微软增强现实平台 HoloLens 的游戏。

《我的世界》不仅是孩子们玩的游戏，成年人也可以创造和欣赏各种建筑，比如埃菲尔铁塔、狮身人面像和电影《指环王》中的幻想世界等，甚至还有人公开了自己的作品。除此之外，使用《我的世界》的交易平台"Market Place"，还可以销售装饰角色的皮肤和各种小游戏，赚取利润。只须申请成为 Market Place 的合作伙伴，即可通过。

在疫情肆虐的时候，很多机构利用《我的世界》开展了很

53

仁川市利用《我的世界》游戏平台发布了"Incheon craft"地图,任何人都可以通过地图畅游和体验仁川

资料来源:仁川市 Youtube

多别具一格的宣传活动。美国伯克利大学和宾夕法尼亚大学的校园在《我的世界》上得到了体现,日本还利用《我的世界》举行了小学毕业典礼。在韩国,青瓦台在《我的世界》上举办了儿童节活动,这是青瓦台和沙盒游戏的虚拟团队合作的结果,在 Youtube 上获得了 100 万的点击量。在青瓦台 Youtube 频道上可以看到,制作的地图被公开,供人们下载和播放。

韩国仁川市在 2020 年下半年推出了"在 Incheon craft 上畅游仁川"活动,发布了任何人都可以使用的开放服务器和可以游玩的地图。即使不登录《我的世界》,也可以通过 Youtube 登录并使用,仁川机场、仁川大桥、中央公园、江华支石墓等地标性建筑都被加载到《我的世界》。

《动物森林》与《我的世界》的共同点在于，用户可以直接利用游戏中的工具重新打造游戏的舞台。不同之处在于，在《动物森林》里购买各种物品需要使用"铃钱"，这个"铃钱"是用现实世界的货币买不到的，只能在游戏中通过出售各种物品才能获得。相反，在《我的世界》中，可以用真实的货币购买"MineCoin"，还可以在"Market Place"交易平台上购买皮肤或迷你游戏。这是二者之间能否进行游戏充值的区别所在。

Roblox

现在，让我们来看看元宇宙相关主题中最受青睐的 Roblox。对长期登录《我的世界》游戏的人来说，Roblox 给人的感觉就像是《我的世界》拙劣的翻拍作品。原因在于，这两款游戏不管是角色构成、小游戏，还是能够自己装饰家等设置都很相似，但是，Roblox 比《我的世界》早了差不多 3 年，是 2006 年推出的游戏，而且角色的长相也不一样。《我的世界》的人物无法摆脱方块形态，Roblox 则很像"乐高"。

第一次登录 Roblox 平台时，玩家必须创建自己的化身（《我的世界》提供史蒂夫和亚历克斯等标配化身）。制作化身后，你可以从 700 多万游戏开发者创造的超过 1800 万款游戏中挑选出自己想要玩的游戏，然后才能进入游戏。数量如此庞大，即使每天只玩一款游戏，一辈子都不能全部玩一遍。

Roblox 拥有超过 1800 万款游戏，用户一辈子都很难全部玩一遍
资料来源：backlinko 官网（backlinko.com/roblox-users?）

尽管 Roblox 已经火了很长时间，很多成年人还不知道它，但如果是孩子们就不同了。有些孩子尝试过一两次，有些孩子干脆沉迷于 Roblox 而无法自拔，Roblox 上的儿童用户的数量是 1.5 亿。比《我的世界》1.26 亿的用户量还要多出 2400 万，我们需要注意的点就在这里。2021 年初的调查显示，在美国，未满 16 岁的青少年加入 Roblox 的比例超过 55%，他们每天有 156 分钟在 Roblox 度过。而 Instagram 的上线时间是 35 分钟，Facebook 的上线时间是 21 分钟，难怪 Facebook 会紧张起来。尽管目前还看不到差距，**但是显而易见，再过 10 年或 5 年，那些曾经通过 Facebook 建立联系的孩子都会转向元宇宙了。**

Roblox 于 2006 年面市，当时还是小学生的孩子们现在已经长成大学生。在自己喜爱的游戏中玩着自己创造的游戏长大，是一段难得的经历。Roblox之所以能够提供超过1800万款的游戏，正是因为有"个人游戏开发者群体"这个强大的后盾。这个群体的人数多达700万，是一股巨大的力量。

开发游戏的方法并不难，甚至不需要额外的创作工具，只须登录Roblox工作室，然后把它安装到自己的电脑或Mac上即可。

在工作室中，无须编码，只须简单地拖放鼠标即可轻松创建游戏。当然，制作复杂的游戏需要花相当长的时间。即便如此，人们已经意识到，**这是一个既能玩游戏，还能靠创建游戏来获取利润的游戏平台，因此很多成年人也纷纷成了Roblox的用**

使用Roblox工作室平台，可以开发游戏

资料来源：Roblox工作室（www.roblox.com/create）

户。此外，在 Roblox 获得的收益是有保障的，在游戏中通用的数字货币叫作"Robux"，用户可以用它来购买皮肤或装备来装饰游戏中的化身，400Robux 可以兑换 4.99 美元。

其他用户用 Robux 支付的游戏购入费用中有 30% 支付给开发者。关于这个，最有名的例子是开发 Roblox 游戏"Jailbreak"的高中生亚历克斯·巴尔潘兹。这款游戏是他在高中三年级时（2017 年）制作的，仅累计用户数量就超过 48 亿，游戏内装备销售额就达到每年数亿韩元。所以，如果孩子们在玩 Roblox，那就怀着满满的梦想和希望，为他们加油吧。

与《动物森林》不同，《我的世界》或 Roblox 不仅可以

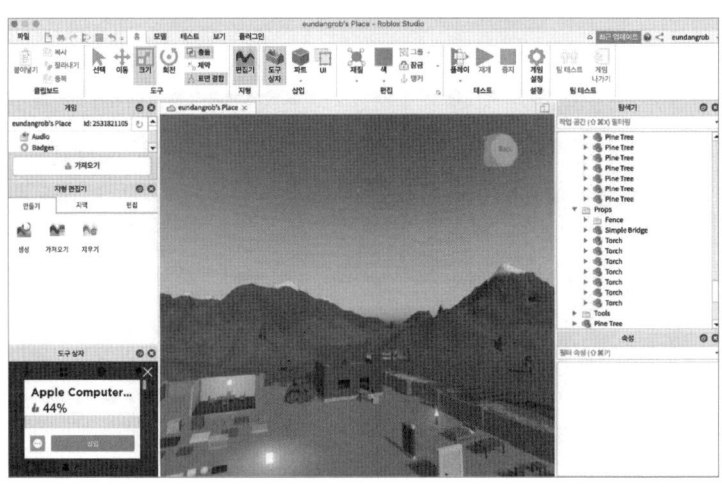

在 Roblox 工作室平台，只须拖放鼠标即可轻松地创建游戏

资料来源：Roblox 工作室（www.roblox.com/create）

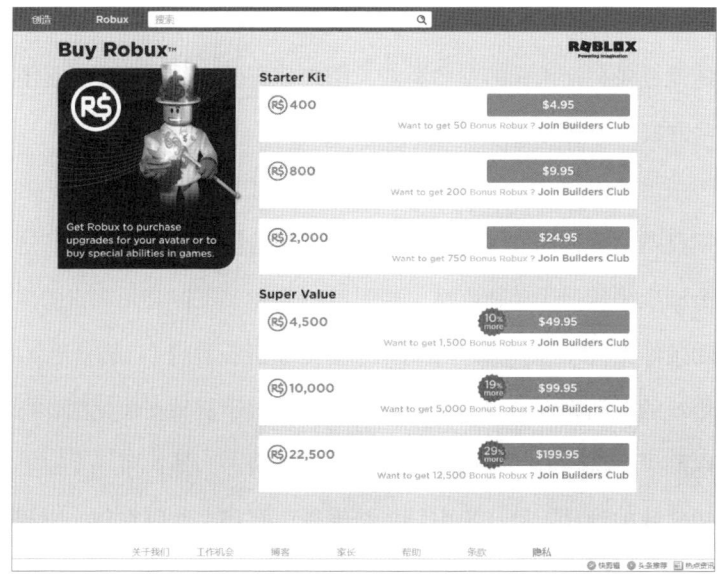

在 Roblox 里,可以用叫作"Robux"的数字货币购买皮肤或装备来装饰化身

资料来源:Roblox 官网(www.roblox.com)

在"单一设备"上玩,还可以在 PC、Mac、手机、平板电脑、Xbox 甚至 Oculus VR 等现存的大多数设备上登录,可以不受限制地享受游戏,便捷性更胜一筹。

《动物森林》发布移动版本

看到这里,你是不是会产生两个想法?

第一,哇,虽然我不知道具体是什么,但它应该能带来利润。

第二，较好的元宇宙游戏应该具备的特点包括：可以随时随地登录，便携式的沙盒游戏，用户拥有较高的自由度，是游戏开发商和参与者可以双赢的平台。

再来梳理一下第二个想法。**元宇宙社交游戏要想成功，必须具备"可移动性""自主性"和"收益性"三个要素**。从这个标准来看，《动物森林》暂时没有收费，不符合元宇宙的成功条件，于是《动物森林》推出了智能手机版游戏《口袋营地》。传统的《动物森林》只需要购买卡带或数字版后安装使用，所以除了一次性购买费用外，没有其他收费。当然，市场上也有用"我的设计"设计出服装、装饰等，利用二维码在现实世界

《动物森林》推出了智能手机版游戏《口袋营地》

资料来源：《动物森林：口袋营地》APP

销售的情况，但不是官方行为。

智能手机版本可以免费下载游戏，但是要把属于自己的营地装饰得漂漂亮亮，就必须花钱购买装备。看样子任天堂也是通过手机游戏解决了收费问题。

但是，还存在一个悬而未决的问题。或许开发商正在犹豫，是像 Roblox 和《我的世界》一样，采用允许用户参与制作并销售自己的装备的方式，还是采用允许企业入场宣传并销售其产品的方式。

《堡垒之夜》中的"Party Royale"

所有游戏公司都在努力打造个人和企业共享的平台，不过遗憾的是，迄今为止只有前面提到的《我的世界》、Roblox 和《动物森林》成功地吸引了有购买力的成年人群体。可是在 2020 年 9 月，连不爱玩游戏的人也登录了《堡垒之夜》，原因就在于《堡垒之夜》推出的新模式"Party Royale"。

原来，《堡垒之夜》有一款《杀戮之王》的游戏，需要多名玩家合作建造堡垒并击败对方。类似的游戏还有《绝地求生》，《堡垒之夜》一度被认为是抄袭，但现在不同了。

《堡垒之夜》与《绝地求生》有着明显的区别，这要归功于"Party Royale"。"Party Royale"是玩家在战场上放下枪后见面，可以把它想象成一种非武装地带即可。在这里，玩家可

在《堡垒之夜》的内景表演《Party Royale》中加入了很多演出和电影
资料来源：《堡垒之夜：Party Royale》（fortnite.com）

以轻轻松松地和朋友玩跳伞、骑摩托艇、玩染色枪等轻迷你游戏，或者观看演唱会、电影等节目。因此，不爱玩游戏的用户也纷纷登录《堡垒之夜》观看"演出"。

在解释元宇宙时，有个不得不提的例子，就是美国说唱歌手特拉维斯·斯科特的在线演唱会。2020年4月24日、25日和26日，斯科特在《堡垒之夜》中举办了5场演出。从演出前的21日开始，用户可以购买特拉维斯·斯科特的服装和表情。《堡垒之夜》中的表演是在虚拟世界里进行的，提供了很多在现实世界中看不到的看点，斯科特以巨人的形象登场，遨游太空，畅游水下。据统计，观看演出的《堡垒之夜》用户数量高达2770万人，仅销售额就达到2000万美元。特别是在疫情时期，

说唱歌手特拉维斯·斯科特
于 2020 年在《堡垒之夜：Party Royale》中举办了 5 场演出
资料来源：《堡垒之夜：Party Royale》（fortnite.com）

明星在线上平台与粉丝互动，大大提高了收入，因此娱乐公司是一定不会错过这个平台的。

同期，还在这个平台放映了电影《梦幻空间》，举办了短片动漫节。当然，比起在电影院观影，沉浸式的体验略微下降，但《堡垒之夜》聚焦的是"共鸣""连带"以及"趣味"，而不是沉浸感。

《堡垒之夜》拥有的另一个优势是，通过与各类公司的合作，提供新的角色皮肤。和漫威牵手，将用户的角色装扮成钢铁侠或美国队长。《堡垒之夜》的合作永无止境，看到《死侍》《地平线：黎明时分》《行尸走肉》和《蝙蝠侠》等各种各样的角色跑来跑去的画面，不禁让人想起《头号玩家》中众多游戏角色在"绿洲"内战斗的场景。

这是一个全球用户聚集的空间，企业自然不会放过靠它赚取财富的机会。据悉，Epic Games 通过《堡垒之夜》在 2018 年和 2019 年两年间的总销售额为 90 亿美元，2020 年的销售额高达 51 亿美元，更了不起的是，这只是《堡垒之夜》一款游戏所取得的业绩。

人们为何对《堡垒之夜》如此狂热？ 如果说《绝地求生》是更接近现实的游戏，那么在任何人看来，《堡垒之夜》都是虚构的。先不谈虚构，大家看到漫威角色跑来跑去，一定会想，"哦，只是玩玩而已"，再加上，虽然会开枪但不会出血，角色们还会跳起舞来，给人的感觉这只是个好玩的游戏。

更了不起的是，它是个"交叉平台"。人们可以使用不同的平台一起玩游戏，这在当时是无法想象的。例如，在 PlayStation 上玩游戏的人，只能和在 PlayStation 上登录的其他玩家一起玩游戏，Nintendo Switch 的用户也只能和 Nintendo Switch 其他用户一起玩游戏。但是 Epic Games 公司与拥有沙盒游戏的微软、拥有 PlayStation 的索尼等公司合作，无论玩家在什么设备上登录，都能在"Port Night"这个空间相遇。正如 NVIDIA 公司 CEO 黄仁勋所说的，这是一个典型的"元宇宙平台"。

有人问："《堡垒之夜》是游戏吗"？Epic Games 的首席

执行官蒂姆·斯威尼（Tim Sweeney）回答说："是的。"但被问及"以后会怎么样"时，他回答说："一年以后再来问吧。"从这个答案可以推断，蒂姆·斯威尼并不认为《堡垒之夜》只是一款游戏，似乎是一幅描绘未来的蓝图。可以肯定的是，《堡垒之夜》已经成了"元宇宙"。当然，能通过游戏内的支付工具 V-Bucks 赚钱的，至今只有 Epic Games 和与之合作的企业。只不过，因为通过"选择—创造—游戏模式"，《堡垒之夜》像《动物森林》那样是一个可以创造属于自己的岛屿，还能制定游戏规则的服务，所以个人获得收益是值得期待的。

为了正确理解《堡垒之夜》，你必须先了解开发《堡垒之夜》的 Epic Games 公司和蒂姆·斯威尼。创立 Epic Games 公司的蒂姆·斯威尼是一名天才游戏开发者和商人，他从中学时期就开始制作游戏，在大学时期就开办了游戏公司。因为他是游戏开发者出身的企业家，所以对市场的认识比任何人都深刻，且反应迅速。在此基础上，他开发了"虚幻引擎"并予以发布，使所有人都可以参与游戏制作。

2014 年，"虚幻引擎 4"以每月 19 美元的价格公开发布，到 2015 年干脆宣布全面免费使用。只不过，如果开发者使用这个引擎来制作免费游戏就可以免费使用引擎，如果制作付费游戏则需要支付版税。

在韩国，《天堂 2》和《绝地求生》等游戏都是用虚幻引擎制作的。由于虚拟引擎能够方便快捷地创建并应用虚拟角色

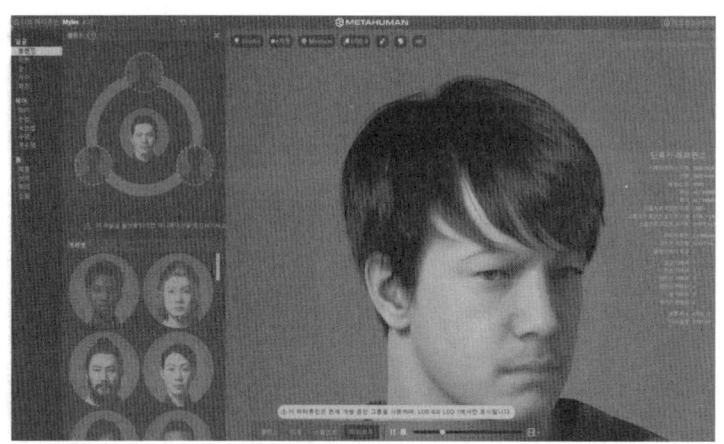

超级创造者（MetaHuman Creator）
是任何人都可以操作的超高清像素云端数字人程序，他有头发、衣服和角色绑定

资料来源：Second brain lab

2020 年，Roblox 举办了纪念 Lil Nas X 的新专辑《假日》的发布会，
举办了 4 场演出

资料来源：Lil Nas X YouTube

和背景，因此不仅用于制作游戏，也被应用于很多电影的CG特效制作。2020年Netflix上映的电影《胜利号》中大部分CG都是用虚幻引擎制作的。2021年4月，发布了免费数字人创造工具——超级创造者（MetaHuman Creator），原本需要几个月完成的超高画质制作，数字人创造工具只须短短几分钟就能轻松快捷地完成。

在元宇宙时代将现实世界虚拟化的项目上，Epic Games和虚幻引擎能成为热门话题是理所当然的事情。

但是，在游戏里举办演出的并不仅是《堡垒之夜》，之前谈到的Roblox也于2020年11月13日至14日，举办了纪念Lil Nas X的新专辑《假日》的发布会，还举办了4场演出。演出结束后，化身和头戴式耳麦、帽子、眼镜等各种物品的销售仍在继续。

Zepeto

在网络世界里装饰可以代替自己的化身，然后去别人家一起玩小游戏怎么样？

在谈及元宇宙时，不能不提及的平台是"Zepeto"。Zepeto是2018年由韩国SNOW公司推出的社交游戏。SNOW是一家因创建童颜过滤器AR（增强现实）应用程序而名声大噪的公司，它曾经是NAVER的子公司。2020年3月，NAVER将其拆分，

提起"成年人毫不知情的青少年专属游乐场",一定是全世界最具人气的 Zepeto 世界
资料来源:Zepeto APP

另设为 NAVER Z 公司。

因为拥有出众的滤镜技术,所以首次在 Zepeto 注册后,选择自拍照或手机里存储的照片,就会立刻生成 Zepeto 角色的样子。第一次登录 Zepeto 时,我问自己:"打算用它做什么?"这让我想起了 1999 年在赛我(cyworld)网中装饰专属 Mini - me 时相似的感觉。

Zepeto 开始走红始于 2019 年,当年 Zepeto 具备了自己的角色和其他朋友的角色见面,且可以相互拍照的功能。一般来说,打扮自己的角色是件很有趣的事,但是如果需要付费就很难坚持下去了。不过,如果需要和别人见面,那就另当别论了。其

这是在汉江游玩时抓拍的姿势。Zepeto 能够轻松地捕捉游戏画面并实现共享，放大以及画面切换等所有要素都会满足社交要求

资料来源：Zepeto APP

他朋友身着迪士尼公主服装，还用古驰等大牌点缀自己，如果只有我一个人穿着标配的白T恤去，就不会有人和我合影。所以，要换发型、T恤、裤子和鞋子，尽量打扮得漂漂亮亮，再去见朋友。最终，还是会产生消费。

角色相遇的地方叫作"Zepeto 世界"，在 Zepeto 内提供了很多不同的场所，有汉江公园、古驰别墅、姜饼人王国（Cookie Run：Kingdom）等。人们因为疫情，不能随心所欲地去汉江公园约会，但是在 Zepeto 世界里，用户可以在开满樱花的地方散步，也可以乘坐水上出租车环游汉江一圈，能与新结识的朋友一对一私聊，也可以使用语音功能，用真实的声音进行语音通话。

在 Zepeto 世界里，想要赋予角色动作，就需要添加手势和姿势等功能，这些功能有免费的，也有付费的。所以，只要你产生了要不要"认真地打扮一次"的想法，就会陷入其中无法自拔。在 Zepeto 里流通的货币单位是硬币 Coin 和 Zem。Coin 可以通过看广告或完成小游戏中的任务来获取，Zem 可以通过现实货币来购买，或者通过日常任务（Daily quest）、幸运转盘（Lucky spin）和刮刮乐（Scratch）来获取。因此，如果你想迅速拥有装备，一般会选择用现实货币来购买。

这样说来，Zepeto 既可以赚钱，同时作为元宇宙又受到极大关注，注册用户数量也超过 2 亿，但是，到目前为止，真正了解 Zepeto 的人并不多。就连在制作 Zepeto 的韩国也是一样，虽然 Zepeto 很受欢迎，但并不是家喻户晓，人们开始关注它，主要是因为元宇宙。为什么会这样呢？究其原因，Zepeto 的用户 80% 以上是青少年，90% 的以上用户都在海外。一言以蔽之，Zepeto 的用户目前主要是海外青少年群体。

提到十几岁青少年聚集的地方，以及海外用户较多等现象，善于察言观色的人就会联想到 K-POP，这就是 BigHit、YG、JYP 等公司在 NAVER Z 有偿增资 170 亿韩元的理由（BigHit 投资 70 亿韩元，YG 和 JYP 各投资 50 亿韩元）。

女团 ITZY、BLACKPINK、TWICE 等都活跃在 Zepeto。BLACKPINK 在 Zepeto 内举办粉丝签名会，与 4600 多万名粉丝见面。如果是在线下举办粉丝签名会，就不可能有 4600 万人

BLACKPINK 的 3D Zepeto 化身 MV"Ice Cream",点击量超过 1 亿
资料来源:BLACKPINKYouTube

参加,即使有,女团成员们也会因为过劳而病倒。登录 Zepeto 后,前往 BLACKPINK Mension,可以参观 BLACKPINK 成员们的服装、放映 MV 的客厅。

机不可失,时不再来。这是放之四海而皆准的真理。Zepeto 和 BLACKPINK 把应用 Zepeto 化身的 MV"Ice Cream"上传到 YouTube,点击量超过 1 亿。

Zepeto 拥有很多地图和服装,这些并不都是 Zepeto 员工制作出来的。那么,是如何做出来的呢?这就得益于"平台"的力量,用户的参与。

通过 Zepeto 工作室，任何人都可以免费制作配饰、袜子、包、大衣等各种装备
资料来源：Zepeto 工作室（studio.zepeto.me/kr）

    通过 Zepeto 工作室，任何人都可以免费制作配饰、袜子、包、大衣等各种道具。这些道具经过审核后可以出售。**据了解，Zepeto 内 80% 以上的物品都是由用户制作的**。累计创作者人数超过 6 万人，月收入超过 300 万韩元的创作者也大有人在。

    通过 Zepeto "Build It" 可以制作"地图"。任何人都可以下载 Build It 程序并安装在 PC 或者 Mac 上，制作深夜食堂、二层小楼等各种地图，通过审核后即可发行。

    2021 年 5 月，韩国 DGB 金融控股公司在通过 Build It 制作的地图中召开了管理层会议。这被认为是一个尝试，目的是提高管理层对元宇宙的认识。CU 决定开设虚拟现实便利店，并在 Zepeto 举办了业务合作协议签约仪式。此外，很多公司正在计

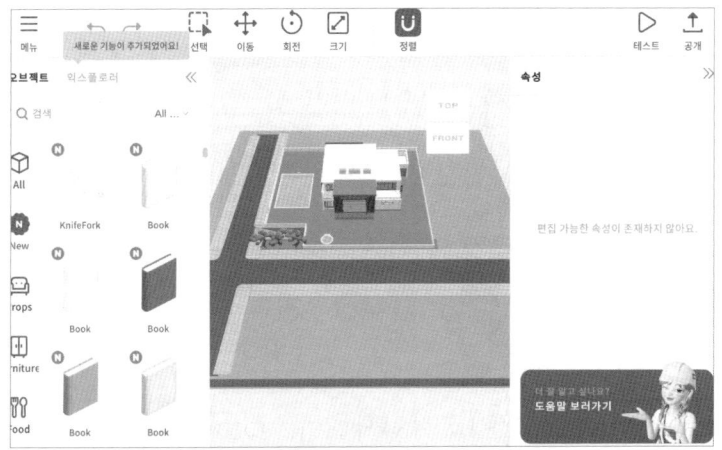

通过 Build It 可以制作建筑物、会议室等各种地图
资料来源：ZepetoBuildIt（studio.zepeto.me/kr/home/map）

划与 Zepeto 开展合作。那么，未来会不会出现一些新职业，比如 Zepeto 内的专业设计师和地图制作者？目前，已经有剧本作家活跃在 Zepeto 里。在 YouTube 上搜索"Zepeto 情景剧"，可以看到很多视频。把 Zepeto 内的各种动作编辑成视频，或者把角色间互动的场面录制下来，再上传到 YouTube 上等，各类剧本层出不穷，有些视频的点击量瞬间会超过 40 万次。虽然很难理解，但是，这个我们必须要了解的世界正在跨越 Zepeto，在元宇宙世界里徐徐展开。

在 YouTube 上搜索"Zepeto 情景剧",可以看到很多视频。
有的视频点击率超过 40 万次

资料来源：YouTube

SKT 公司的元宇宙

涌入有利可图市场的不仅是游戏开发商。为了让游戏不中断、运行顺畅，需要稳定又快速的连接速度，所以 SKT、LGT、KT 引领了 5G 时代，推出了 VR 和 AR 内容，其中脚步最为忙碌的公司就是 SKT。

SKT 也像 Zepeto 一样，拥有基于 AR 的平台"JUMP AR"。角色生成和动作也相似，所谓社交世界，即用化身聊天或者看电影的设置也是一样的。使用 JUMP AR 应用程序，还可以让游戏中的角色或艺人出现在现实世界并进行拍照。

召集新生在 JUMP AR 内举办大学开学典礼

资料来源：SK 电信

2021 年，韩国顺天乡大学在 JUMP AR 内举行了新生入学典礼，将主运动场直接投射为 JUMP 地图，通过超大电子显示屏播放了校长致辞等内容。虽然，不能说这个活动百分之百令人满意，但是，从它为探索应用元宇宙的一种可能性的角度来看，还是应该被关注的。

4

元宇宙,虚拟世界的房地产交易

到目前为止,我们见到的成功的元宇宙和社交游戏,要么是让用户花钱,要么是让用户赚钱。但是能完全超越这些的现实游戏该是什么样的呢?

Earth2

Earth2 是一种在克隆地球的虚拟地球上进行投资的游戏(虽然说是游戏,但是目前还没有彼此之间的交流,所以把它看作一种游戏是模棱两可的)。

从 Earth2 主页进入 Buy Land,就会显示"Map",在这

第二章 已经初现端倪的未来,体验元宇宙

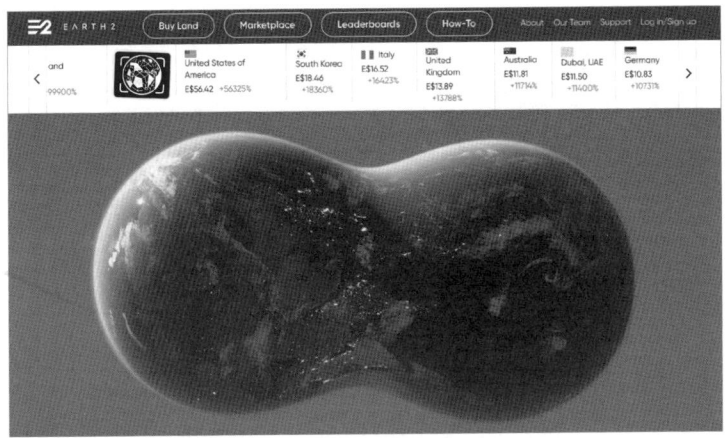

Earth2 的首页是一个一分为二的地球,象征着元宇宙

资料来源:Earth2 官网(earth2.io)

里搜索"江南"。前往教保塔查看,可以看到土地被栅栏分隔开。如果一个国家的用户购买土地,就会悬挂该国的国旗,如果购

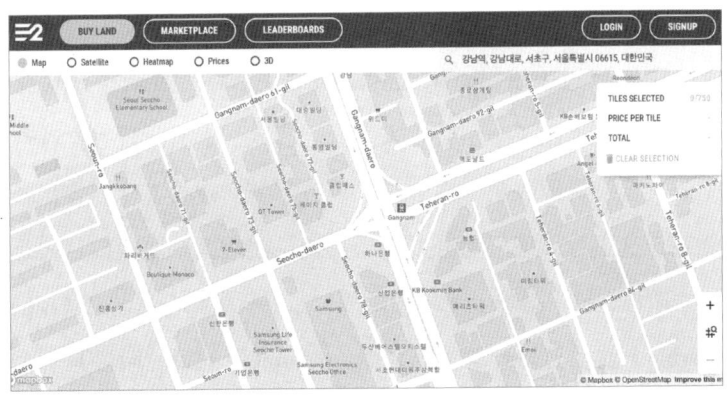

在 Earth2 中,可以交易韩国的土地

资料来源:Earth2 官网(earth2.io)

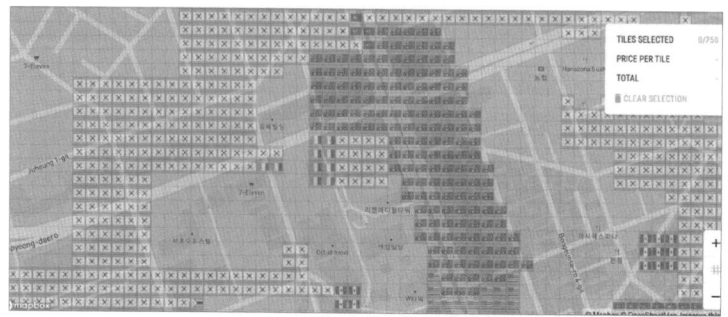

在 Earth2 中，江南一带黄金地段的土地已经被交易

资料来源：Earth2 官网（earth2.io）

买者不设定国家，则只显现红色。可以看到韩国人已经拥有了相当多的土地。一个方块起价是 0.10 美元，在人们开始抢买土地后，价格不断上涨。不同国家的方块价值不同，以 2021 年 4 月为基准，韩国为 18.46 美元，美国为 56.42 美元。仅韩国的收益率就高达 18360%。但这里的问题是，能否通过买卖土地变现。

研发公司表示，对于 Earth2 的未来，将分成六个阶段推进，包括土地购买、租赁收入（分红收入）、其他玩家推荐产生的奖金、资源收集、广告收入、数字资产建设等。内容比较复杂，这里可以理解为分成大举买地、建楼两个阶段。目前是第一阶段，抢占地球上土地的阶段，如果联想到经典游戏《Blue Marble》就很容易理解了。《Blue Marble》的第一阶段是每个人都在自己国家安居乐业的阶段。进入第二阶段后，可以建造楼房，Earth2 也是如此。只不过目前还不清楚何时进入第二阶段。

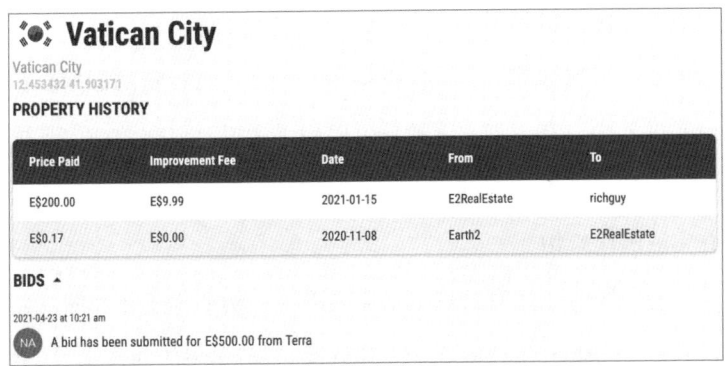

梵蒂冈的土地被韩国用户买走了

资料来源：Earth2 官网（earth2.io）

正因为如此，这里就出现了在购买虚拟土地后，待价格一涨就出手卖掉，通过散户交易赚取财富的人。

从成"梵蒂冈"的一处土地来看，2020 年 11 月 8 日，一位用户以 0.17 美元买下，2021 年 1 月 15 日以 200 美元的价格卖出。因为看到有韩国国旗，推断购买的用户应该是韩国人。从留言记录看，4 月 23 日，曾有人留言表示要以 500 美元订购，如果双方成交，虽然不像最初购买的人那样，但也可以赚取颇多的收益。所以把 Earth2 称为第二个地球——元宇宙，难道不是一个吸引投资者的地方吗？

人们之所以投资虚拟而不是现实的房地产，是因为两大原因：一是手握昂贵的土地，总有一天会赚钱；二是在现实中，不仅拥有昂贵的土地很困难，去江南地区买楼同样不容易。当然，即使是在虚拟世界里，人们也会期待提前以低价买好的土地，像现实世界那样涨价，这也正是在 Earth2 进行投资的原因。在现实世界中，有一种"土地"可以用手触摸，但在游戏中却根本做不到。而 Earth2 的土地同样是有价值的，是因为土地上面有实际的建筑物。

与此同时，还有一件事情需要思考。例如你正在和朋友们认真地玩《Blue Marble》游戏，有一天，新转学来的朋友带着《天天富翁》游戏来玩，让你感觉这个游戏更有趣。那么是不是也会出现另一个买卖虚拟现实房产发展得更成熟的平台呢？总之，现实中的埃菲尔铁塔只有一个，但要记住，在虚拟游戏中，每个平台可以有数个埃菲尔铁塔，与第一个相比其价值是会下降的。

沙盒（The Sandbox）

没有像 Earth2 那样在反映现实世界的谷歌地图上交易，而是干脆创造了一个新的世界，一款"房地产"交易的游戏出现了。

作为一款与 MCN 沙盒完全不同的游戏，这是一款名为"The Sandbox"的元宇宙游戏，改编自 2012 年在 2D 基础上推出的同名游戏，是一款如《模拟城市》或《开天辟地》一样的游戏。玩家可以成为神，创造各种地形的游戏。但随着区块链的快速发展，这款游戏转化为"去中心化"平台，以 3D 方式重构的

沙盒（The Sandbox）
是一个可以交易自己的土地和物品的平台，亦被称之为"区块链式的Minecraft"
资料来源：www.sandbox.game

游戏重新登场。把它当成区块链式的 Minecraft 就可以了，沙盒官网上也是如此介绍自己的。

沙盒官网上强调了三点：第一，VoxEdit。利用这个工具，任何人都可以轻松制作出自己的角色和道具。

第二，市场。制作出来的道具可以通过市场出售，它们既可以变成世界上独一无二的物品，也可以以 30 版、40 版等限量版的形式发布。这些物品由 NFT（非同质化代币）制成，在市场之外，也可通过各种 NFT 交易所进行交易（关于 NFT，在本书第三章中有更详细的讨论）。

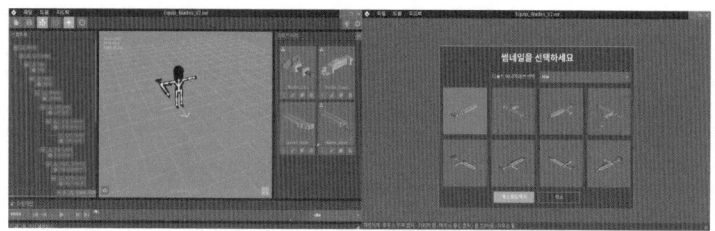

任何人都可以利用 VoxEdit 轻松地制作出自己的角色和物品

资料来源：www.sandbox.game

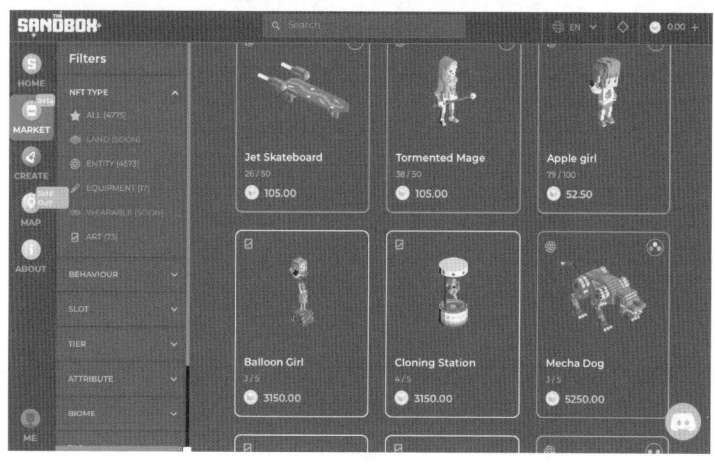

在市场上可以买卖各种道具

资料来源：www.sandbox.game

  道具的交易需要一种叫作"SAND"的币，需要在加密货币交易所"Binance"和"Bithumb"等地方进行购买，购买后要建立关联。值得一提的是，在沙盒游戏中，魔法道具的价格是 105SAND。截至 2021 年 4 月 24 日，在加密货币交易所交易的金额是每沙兑换 514 韩元，也就是说这些道具价值约 54000 韩元。

第三，土地（房地产）交易。沙盒内共有 166464 块土地，一旦拥有了土地就相当于拥有了财富。持有土地可以租给游戏玩家赚钱。据介绍，仅 2021 年，公司先后两次销售出 2352 块土地，销售额达 280 万美元，沙盒土地总价值为 3700 万美元。韩国也有很多关心、投资土地的个人用户。在海外，Niftygateway、Gemini、Galaxy Interactive 等与加密货币相关的有代表性的企业都参与进来了，也印证了这是一款非常火的区块链式游戏。2021 年 5 月，The Sandbox 还与 Zepeto 签署合作协定，在市场销售了 970 个 NFT。

NAVER Zepeto 与沙盒（The Sandbox）合作，决定推出 NFT

资料来源：The Sandbox YouTube

Decentraland

如果说,你想看到沙盒(The Sandbox)的未来,你需要仔细观察一下元宇宙世界最著名的平台之一——Decentraland。

若用一句话来表述Decentraland,可以称之为"精致的第二人生"。用户可以在土地上做生意,也可以建楼,总之循着这种方式生活就可以了。土地内适用的货币是MANA,在韩国的加密货币交易所"Upbit"和"Bithumb"中进行交易。借助于元宇宙的热潮,2021年1月,1MANA仅价值115韩元,5月暴涨至1600韩元左右。2017年通过ICO募集了2000万美元,3年后的2020年2月正式开放游戏。

Decentraland开业一年多了,但在韩国还不太为人所知,因为要玩这款游戏,不是输入ID和密码就可以,而是还要通过"Metamask"捆绑加密货币钱包才可以进入游戏。

2021年,在Decentraland工作的经理,是从现实世界中聘请来的"人"。据说经理平日里用自己的化身在元宇宙里工作,薪水是用加密货币支付的。

从这一趋势中不难判断出,Decentraland将又是一个令其他企业艳羡不已的元宇宙,同时还将开启创造就业的新世界。

第二章 已经初现端倪的未来，体验元宇宙

在 Decentraland 游戏中可以开展买地、建楼以及做生意等经济活动
资料来源：Decentraland 官网（decentraland.org）

Decentraland 无须在 PC 端设置，用 chrome 登录后，
直接在网页上就可以启动游戏了
资料来源：Decentraland 官网（decentraland.org）

成功的社交游戏的特征

到目前为止，我们已经对元宇宙游戏进行了广泛的了解。尤其是社交游戏，除了已经提到的游戏外，还有数量众多的其他各类游戏。其中有些成了元宇宙，有些则被遗忘。当然，不能将这些视为"这就是标准答案"。下面让我们从三个方面来了解一下迄今为止已经成功或可能在未来取得成功的社交游戏的特征。

首先，要有一定程度的"目的"。如果游戏被赋予太高的自由度，人们或许就会无所适从。在现实中也是如此。正因为公司规定上下班时间，学校规定上课时间，所以我们一边梦想着自由，一边有条不紊地做着自己想做的事情。

尽管《动物森林》是一款自由度很高的游戏，但如果说只是有了自由度，这款游戏是绝对不可能像现在这样成功的。从玩家第一天在岛上定居开始，就欠下了老狐狸的债，为了偿还债务，要去完成一个接一个的任务，这就相当于给了一个重新登录游戏的理由。《堡垒之夜》游戏也一样，游戏一开始并不是人们自由聚会的皇室派对，而是从战斗皇家游戏开始，然后逐步推进。

其次，要发挥平台的作用。虽然有游戏开发公司打造的背景和故事，但也要给参与其中的玩家创作出新游戏的自由，让他们体验成为游戏开发者的感觉。Roblox 开发出了让登录 Roblox 的玩家们可以互相玩数个游戏的功能。《堡垒之夜》也添加了玩家可以制作地图的功能。

游戏开发公司之所以要发挥平台的作用,就是为了游戏的新颖。从头再来玩一次的游戏是很麻烦的。因此,对于结局已定的街机游戏或 RPG,玩家每次玩完游戏,就可以通过作弊或特权,尽可能提高能力值后,再轻松地继续游戏。即便如此,开发商每次制作新游戏都不是件容易的事。但当玩家参与其中时,事情就不一样了。从游戏公司的角度上看,赋予游戏自由度意味着将拥有不用自己动手就能获得大量衍生游戏的优势。

最后,参与者也能获得收益的市场。如果说制作游戏的公司卖角色穿戴的皮肤,卖道具的方式属于第一代游戏,那么现在能发挥出让游戏参与者可以一起赚取收益的平台,终会获得成功。当然这里是有区别的,那就是玩家是否参与。一方面,《堡垒之夜》游戏虽然能够让玩家制作地图,但无法让其成为自己制作皮肤的创作者,直接参与游戏或从中赚取收益。另一方面,《堡垒之夜》游戏与耐克和迪士尼等企业合作,不断制作出新的道具。而像 Zepeto 和 Roblox 这样的游戏,干脆让玩家们以创作者的身份参与进来,通过创造新的道具来赚取收益。如此一来,创作者的参与度和忠诚度自然而然地就提升上来了。

当然,没有必要让游戏玩家成为制作游戏中道具和皮肤的设计师。过去《天堂》游戏中的货币"Aden"在 Item Bay(韩国最大的游戏币现金交易网站）等地方可以用现金交易。虽然目前在韩国不可能，但在 Roblox 可以将售卖游戏中的道具赚到的"Robux"在海外兑换成现金。**如果韩国也存在着一个可以把游戏币和道具兑换成"韩元"的合法市场会怎么样呢？**游戏里道具的价值会持续上涨。从这个意义上讲，最近成为热门话题的非同质化代币 NFT 便与之形成了联系。关于这一点，第三章也会进行详细阐述。

5

VR/AR
何时成为现实

以上,我们介绍了与元宇宙相关的社交游戏。需要强调的是,为感受"能抓住我们的心灵的,堪比真正的现实般的虚拟世界",我们需要进驻《头号玩家》的"绿洲",但到目前为止,似乎还缺少了什么。

为了让虚拟世界变得更加现实,我们需要理解以下四种技术。

旨在理解虚拟现实世界的四种技术

第一个是设备。2012年,帕尔默·勒克(Palmer Luckey)通过众筹网站筹款,称要打造OculusVR耳机,并筹集了近10倍目标金额——240万美元推进开发,4年后的2016年推出了第一款 VR——Oculus Rift。之后，HTC 的 Vive、PlayStationVR 等可以体验虚拟现实的设备上市了。

问题在于价格。HTC Vive 的价格在 85 万韩元左右，Valve Index 价值 165 万韩元左右，不算高端的 VR 设备，价格也一下子超过了 100 万韩元。再加上需要高端电脑，两者相加价格甚至会达到近 200 万韩元。最新推出的 Facebook 的 Oculus Quest2 256G 版虽然便宜 55 万韩元左右，但要毫不犹豫买下它还是感觉有些负担。尽管这款设备具有独立应用，不需要与 PC 连接的优点，但为了大众化，价格确实需要降下来。

第二个是内容。与 VR 相关的游戏问世已经超过 5 年了。但是每次的感觉都是没有什么游戏值得玩。没有游戏的原因在于没有用户。由于购买 100 万韩元左右的 VR 设备的人很少，所以即使游戏开发出来了也没人喜欢，开发公司很难进行大规模投资。这种恶性循环至今仍在重复。因此，普通人能够真正享受 VR 的地方，就是装备齐全的 VRStation。而且要拥有这样的设施需要相当多的资本，这也正是只有大企业才能打造出 VR 体验空间的原因吧。

最终，为了激活 VR，游戏公司和 VR 设备制作公司不得不在一开始即使蒙受损失，也要调低设备的价格让用户买得起，同时还制作出用户愿意花钱玩的沉浸式游戏，不过这里仍有诸多亟待解决的课题。

第三个是云服务。为了使虚拟现实得以完美呈现，需要通过快速的互联网向每个人实时传输超高清晰度的世界。而一旦数量众多的个人聚集到虚拟现实世界，要求服务器必须保证稳定。这就是为什么我们应该关注提供云服务器的代表性企业——亚马逊 AWS 的原因。AWS 的全球市场占有率为 33%，前面提到的 Epic Games、NEXON、育碧软件（Ubisoft）、精灵宝贝（Pokemon Company）公司、Capcom、Gameloft、史可威尔·艾尼克斯（Square Enix）、《第二人生》的开发商 Linden Lab 等都已经在使用 AWS，也充分印证了其价值所在。

那么，云只适用于游戏吗？当然不是。云服务是适用于 Netflix 的 OTT 服务、Dropbox 的云存储服务，以及自动驾驶汽车所需的大量机器学习相关的数据等所有领域的核心服务。因此，IT 企业将其视为事关未来生死存亡的重要举措，积极投身将来肯定会大幅增长的云市场是理所当然的。微软有 Azure，谷歌和阿里巴巴也都拥有云平台。在韩国，Naver 一直在提供云服务，Kakao 也在 2020 年底进军云服务。作为一个不断增长的市场，需要持续关注相关企业。

最后一个重要的问题就是网速。这是显而易见的，过去在家独自玩游戏的"主机游戏"时代是不需要互联网的。为了和朋友一起玩游戏，需要亲自见面，所以会一起到家里或娱乐室。随着社交游戏越来越发达，需要更快的连接速度。不管家里有多好的电脑，只要互联网网速慢就相当于游戏提前结束了。对 FPS 游戏来说，最无法接受的就是，如果说当我朝对方开了一枪，对方在进行连续还击的时候，如果网速慢，结果无疑就是游戏刚开始就结束了。随着移动游戏越来越普及，上下班时在地铁和公交车上，在咖啡店里，在家里，在任何地方都要玩一会儿游戏，如果网速"卡"了，精心培养的角色一下子死掉，连费尽心思积攒的昂贵装备也消失了，那会让人十分沮丧。

第四次工业革命的时代，物联网的时代，未来超过 1 万亿设备"连接"的世界核心是 5G。**作为 5G 的三要素，"无缝连接""高速"和"海量连接"也是元宇宙的必备要素。**

这就是引领游戏机游戏时代的 PS、XBOX、Steam 等游戏分别与通信企业携手提供云服务的原因。韩国 SKT 在 2020 年推出了"Xbox All Access"，这项服务跟购买智能手机后分期支付费用一样，具体内容是每月支付 29900—39900 韩元，签订 24 个月的协议，就会得到 XBOX 游戏机，即使在移动时也可以用智能手机玩游戏。这也是"云"和"网络服务"带来的成果。

如果理解了以上内容，那么也就不难想象出怀揣着让人类移居火星梦想的埃隆·马斯克的"SpaceX"中，正在推进的项目"星链（Starlink）"所瞄准的目标了。星链是计划将 12000 颗人造卫星，长期而言是将 40000 颗人造卫星部署在 1000 公里以下的太空环绕地球。在每颗人造卫星覆盖的区域，可以使用星链无线互联网，预计速度将会达到韩国现使用网速的 20 倍。当然，其他公司不可能只是袖手旁观，不想从这里分一杯羹。

参与航天互联网项目的不仅是 SpaceX,中国也在投身航天互联网网络建设,竞争正在加剧。

VR,重新获得关注

2021 年,情况发生了变化。新冠肺炎疫情暴发,人们开始重新关注在家就能体验虚拟现实的 VR。Facebook 推出了 Oculus quest2,其全球销量预计达到 100 万台,在韩国 SKT 正式版销量超过 1 万台,海外跨境销售预计也接近 1 万台。暂且不论内容是否有意思,凡是接触过 Oculus quest2 的人的满意度

如果应用 Spatial 应用程序,再加上 VR、AR 设备,
可以在三维空间里用头像参加会议
资料来源:中央日报 YouTube

都很高。

　　VR之所以备受关注，不仅是因为游戏。疫情导致线上会议越来越多也造成了影响。Facebook Korea应用Oculus quest2，利用"Spatial（OculusQuest的远程协作工具）"举行了线上记者见面会，反响很好。Spatial是一种虚拟协作服务，让自己的头像出现在虚拟空间里，可以参加会议、头脑风暴、演示等活动。即使没有像Oculus quest2这样的VR设备，也可以在网站上注册人脸，制作头像参与活动，在智能手机上也可以进行同样的操作。当然，为了获得身临其境的感觉，应该准备VR设备，但即使没有VR设备，在聊天或开会时也不会有太大的问题。

　　有了Oculus quest2，完全可以把办公室搬到虚拟的空间里。

元宇宙办公室终极形式是无限办公室（Infinite Office）

资料来源：Oculus YouTube

Facebook 上最近公开了"无限办公室（Infinite Office）"，在任何地点使用 Oculus quest2 登录，眼前的监视器就会展开，马上可以开始工作。此外，通过连接 Logitech K830 键盘，您可以在虚拟世界中同步操作物理键盘。

VR 也可以应用于"学校授课"。2021 年 4 月，韩国浦项工科大学（POSTECH）投入了 1.4 亿韩元向全体 320 名新生分发了 Oculus quest2（毕业时必须归还）。学生们使用 Oculus quest2，进行了物理实验室学习科目测试，效果还不错。

现在，没有校园的未来大学似乎也离我们越来越近了。当然，这不可能成为趋势，但如果之前讲到的顺天乡大学的入学仪式、伯克利大学的毕业典礼、浦项工科大学的 VR 课堂等都一一汇聚在一起，那是不是有可能呢？

微软发布虚拟现实平台"MESH"

2021 年 3 月，微软也披露了与虚拟现实相关的协作平台 Mesh。当然，这还只是一个概念，不过仍然给人"哦，这看起来真的是在虚拟的空间里一起工作"的感觉。此外，它还与 Microsoft Teams 软件实现了互动。

看一看相关视频会理解得更快，不同空间的现实世界中的人可以一边看同一个虚拟现实和全息图，一边聊天，还能交流资料，这真是一件神奇的事情。

微软发布的 3D 数字协作平台 MS
是利用 AR/VR 设备，制造出让不同地区的用户感觉共处同一空间的感觉
资料来源：MS YouTube

但问题是，要购买微软的扩展现实设备"HoloLens 2"，如果加上配送费的话，总价为 550 万韩元左右。这样一来，因价格昂贵再好的内容也无法进行传播了。

微软之所以把 Mesh 称为"平台"，是因为 Mesh 不仅是微软的平台，还可以由此开发 Oculus、PC 终端 APP。只是这些要变成现实似乎还需要相当长的时间，这也是对 VR 来说，希望与挑战并存的原因所在吧。

小贴士 TIP

在 Zepeto 中试试制作头像吧

Zepeto 的用户数超过 2 亿,但其中 90% 是韩国之外的用户。但是随着对元宇宙的关注,韩国用户不断增多。与其说用户纯粹准备享受 Zepeto 的世界,不如说很多人开始好奇这到底是什么。在这里,我们来了解一下最基本的功能——如何在 Zepeto 中打造个性头像吧。

① 下载 Zepeto APP 后注册会员,即可选择自己的角色。

② 给角色穿上衣服吧。触摸"角色",试穿衣服和鞋子等不同类别的服装,如果喜欢,购买即可。最初免费发放"代币",完成各种任务同样可以免费获得。要获得"ZEM",必须完成特殊任务或付费购买。

③ 在屏幕上点击摄像头按钮,前置摄像头就会运行,头像可以制作成符合自己的面部表情。

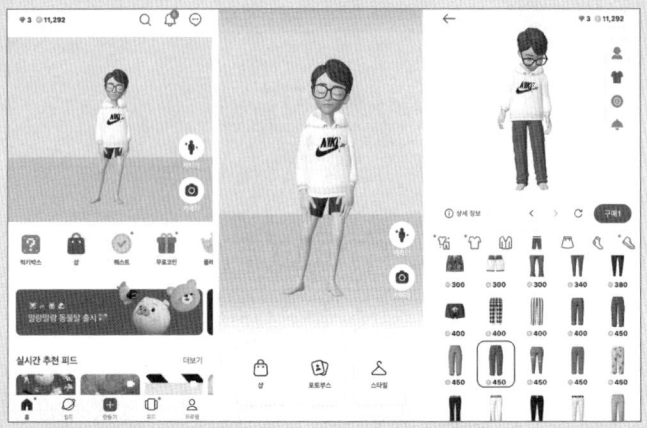

④ 如果很难选择适合的衣服，请参考预先设置的"风格"。在"Top 50"中可以看到最畅销的款式，也可以提前试穿。

⑤ 想进入古驰和迪士尼等合作商店时，点击"商店"即可。事先确认各种合作商品后可以试穿。道具也可以作为礼物送给其他朋友。送礼物给朋友和孩子们，成为受欢迎的人吧。

⑥ 如果穿上了适合自己的衣服，下面就该拍照了。让我们运行"Photo Booth"，你可以摆各种姿势拍照。如果有人加了朋友，你可以邀请那个人的角色来一起制作视频，也可以将视频导出。

⑦ 单独活动到此为止。现在，让我们前往"World"与其他人见面吧。点击底部的"World"地图，可以进入各种地图进行活动。在"世界必看官方地图Top 7！"中进入"汉江公园"吧。

第三章

元宇宙，通过 NFT（非同质化代币）成为现实

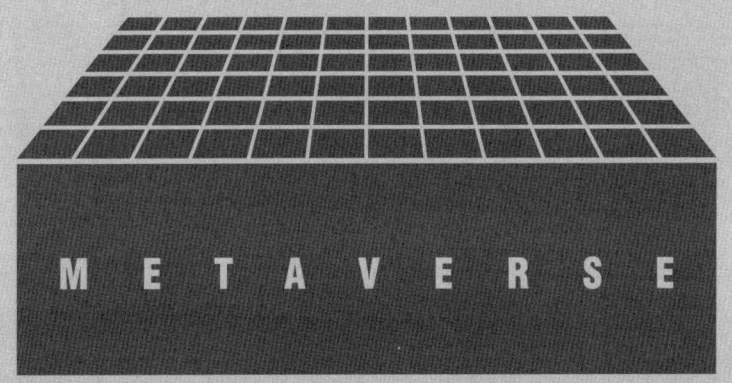

1

NFT
(非同质化代币)

资料来源:niftygateway.com

当你看到这幅画时,你会联想到什么呢?嗯,感觉像幻觉,看起来很酷,还想起了像《复仇者联盟》这样的电影,又看起来像游戏的一个场景,你也可能会认为P图技术很棒。

恭喜你!你正在免费欣赏一幅价值65亿韩元的画作,这幅画是艺术家格莱姆斯的作品"War Nymph",格莱姆斯更出名的身份是埃隆·马斯克的女友。10幅加上图片和音乐的数字融合作品通过拍卖,以约合65亿韩元的价格售出。格拉莱斯解释说,这位小天使是"新创世纪女神"。听到她的解释,再欣赏这幅画时就不一样了,了解了画作的意义,也明白了价格昂贵的原因所在,看待这幅画的视角就会有所区别。

但问题是,即使以65亿韩元的价格购买了作品,也无法真正"拿到"该作品。因为这幅画是线下见不到的"数字作品"。格莱姆斯的另一部作品"Newborn"是将一件作品分割成100个,分别进行了拍卖。因此,这就像有100幅作品,而不单是一个原始作品。想一想,感觉有些复杂。大家都知道购买的人是谁,无法伪造、变更地记录在NFT上。

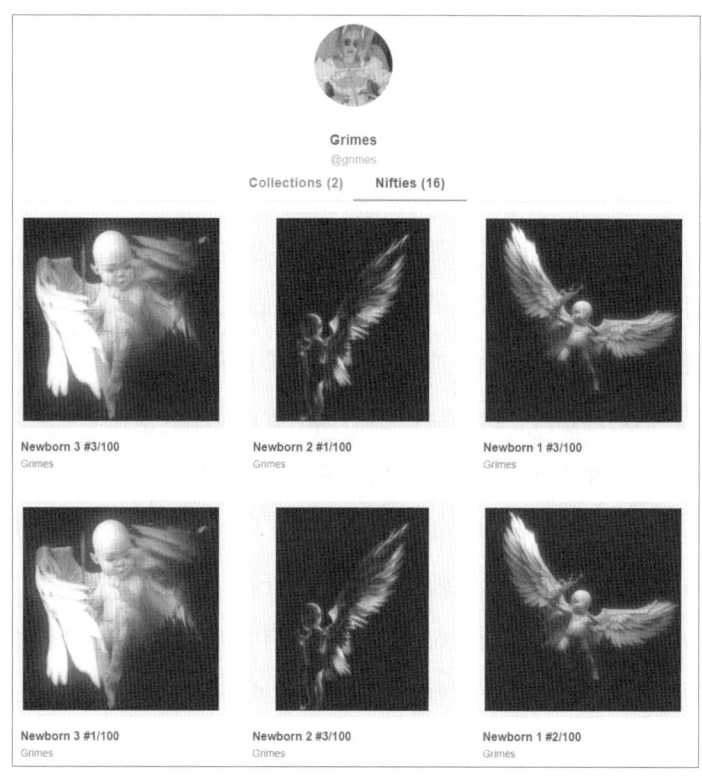

格莱姆斯的作品"Newborn"
被分成了 100 幅作品,其中"Newborn 2 #84/100"以 250 万美元成交
资料来源:niftygateway.com

什么是 NFT

非同质化代币(Non-Fungible Token),即 NFT,它的字面意思是世界上独一无二、其他无法替代的币。独一无二也就意

味着不可能被复制。更使其不能复制，我们所能想到的，就是使用不容易复制的系统，也就是区块链技术。

但是，应用区块链的代币（Coin）是不是都无法被替代呢？并不是这样的。比如市场上价值 500 韩元的硬币，绝不止一枚，而是每年都有几千万个一模一样的硬币被制作出来在市场上流通。一枚硬币可以用另一枚硬币代替。也就是说，如果你昨天向某人借了 500 韩元，今天还给他时，可以用另一枚硬币来偿还，而不是跟昨天一模一样的硬币。因为用其他硬币也并不能使 500 韩元的价值消失。相反，假设你租车去旅行，明天要归还的车辆正是昨天租借的那辆车，用类似的其他车辆去还车是不可以的，而这就是 NFT。

NFT 对一种代币赋予其固有特征值，因此与其他币可以明显区别开来。**如果说比特币具有区块链技术不可破解的优势，那么 NFT 则拥有这个世界上独一无二的"稀缺性"，这也是它最突出的优势。**

但是我该通过什么方式才能注册成为持有人呢？这里就需要了解"以太币"的"智能合约"。

以太币与智能合约

以太币是维塔利克·布特林（Vitalik Buterin）创造的加密货币，具有与比特币相比速度更快，可以在区块链上编码来创建其他应用程序的自主性、智能合约的特征。**其中，智能合约是指设定了特定条件，一旦满足该条件，就会自动设计完成合同。**假设买东西时，可以设计成"对方汇款后自动发货"的方式，或者设计为"汇款后变更为买家所有"等方式。因此，可以广泛应用于资金交易、房地产买卖、租赁等诸多领域。

以这种方式履行合同的优点是，难以伪造和篡改，中间没有中介人也可以，因为是透明的合同，其他任何人都可以验证。只听到这里，虽然你会想"哇，好厉害啊！真的可以去中心化吗"？但也并非没有瑕疵。

虽然说智能合约是"合同"，但实际是将已经彼此商定的内容，就变成一段代码和程序，所以定义成"合同"是有歧义的。因此，以太币上已将其定义为"一个代码或一个简单的计算机程序"，也就是说"合约"并不具有法律意义。维塔利克·布特林也在 Twitter 上说，用"可持续脚本"进行表述比"智能合约"要恰当一些。

智能合约的最大缺点是"无法退回"。也就是说，一旦完成发布，就不能修改代码，也就是不能改变最初设定的条件。囿于这种限制，即使汇错了金额或者产品出了问题，如果已经执行了合同，无法修改将会是一个很大的问题。

当然，这里我们需要了解的核心是 NFT 的出现得益于以太币，所以 NFT 交易主要使用以太币。

2

具备稀有属性的数字资产 NFT

疯狂的价值 10 亿韩元的猫

世界上最贵的猫是家猫和非洲薮猫杂交出生的"热带草原猫",据说最贵的小家伙超过 3000 万韩元,另外还有一些价格昂贵到遥不可及的猫。

喷出彩虹在天空中飞行的"彩虹猫(Nyan Cat)",这家伙的价格是 5 亿 5000 万韩元(300 以太币,以太币的价格总是在变化,所以价格会有所不同)。是不是不可思议呢?

这只"彩虹猫"并不是最近才创造出来的,而是诞生于 2011 年。为了纪念"彩虹猫"诞生 10 周年,通过区块链技术

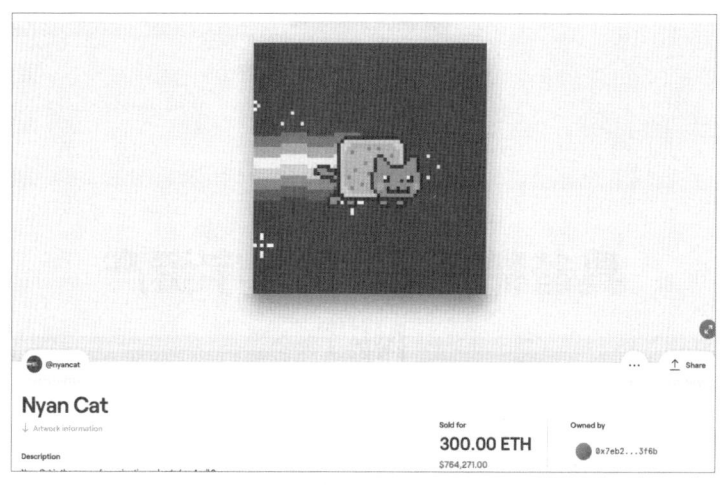

拖着夹心饼干（Pop-Tart）形状的身体在太空中飞行的猫咪动画短片（Nyan Cat）售出了 300 以太币的价格，让世人感到惊讶

资料来源：foundation APP

应用 NFT 制作了"还原原件"并进行了拍卖，结果成为热卖品。但这个是移动的图像文件，如果说不会动的猫价值 10 亿呢？这就是 CryptoKitty 的猫系列"Dragon Kitty"，出售价格是 600 以太币。2018 年，我在写一本关于区块链和加密货币的书时，了解到的价格为 1.9 亿韩元，对于这样的价格我也认为不可思议，不过距离现在还不到 3 年的时间，以太币的价格暴涨了 10 倍以上，而且其价值也猛涨了一大截。

Crypto Kitty 是 2017 年由 Dapper Labs（Axiom Zen 的子公司）开发的一款游戏，宣称是"世界上唯一的""限量版"游戏。

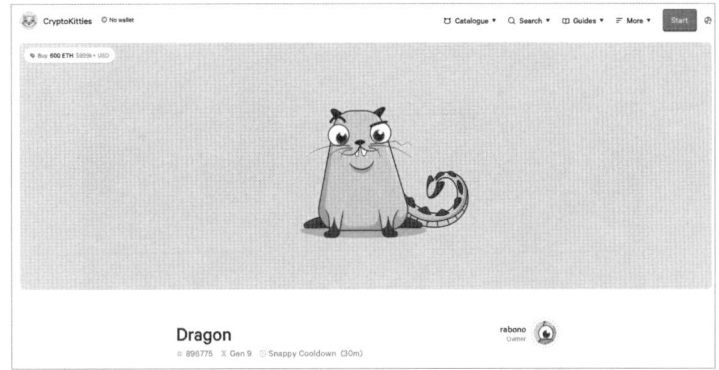

CryptoKitty 的猫系列"Dragon Kitty"以 600 以太币的价格在出售
资料来源：cryptokitties

作为一款由用户选择与具有不可替代 NFT 属性的猫交配，繁殖培育出专属稀有猫的游戏，首创的猫具有 Gen 0 的分类价值。如果让 Gen 0 之间进行交配，就可以生出 Gen 1，再在 Gen 1 之间进行配种繁殖。如此循环下去，雌性则会产下幼崽，属于培育新猫的一种游戏。但即使是世界上独一无二的猫，Dragon Kitty 能卖到 600 以太币的理由也令人难以置信，因此有说法称"是不是有人从洗钱的角度故意这么做呢？"

规模庞大的 NFT 市场

让我们再回到画作中，除了之前提到的格莱姆斯创作的

艺名为 Beeple 的数字艺术家麦克·温克尔曼（Mike Winkelmann）创作的"Everydays—The First 5000 Days"是迄今为止售出的 NFT 作品中价格最高的

资料来源：佳士得

"War Nymph"，最近还有很多受到广泛关注、价格高昂的 NFT。数字艺术家 Beeple 创作的名为"Everydays—The First 5000 Days"的作品，于 2021 年 3 月 11 日在佳士得拍卖行以约合 785 亿韩元的价格成交。

这幅画也不是真正的"画"，而是用 NFT 进行交易的。从 2007 年 5 月 1 日开始的 5000 天里，一日不落地画成这幅画，785 亿韩元的售价堪称是一个天文数字。

第三章 元宇宙，通过NFT(非同质化代币)成为现实

Crossroad 是一个 10 秒的视频，内容以倒在路边上的巨幅特朗普为背景，
展示了对此漠不关心地行走在路上的人们的模样

资料来源：Nifty Gateway

Beeple 的数字艺术名为"Crossroad"的作品在 NFT 交易所 Nifty Gateway 上以约合 73 亿韩元的价格成功售出。除此之外，Beeple 的作品现在每幅卖到约合 831 万韩元左右。是不是非常了不起？

这些画虽然令人感到惊讶，但也都是艺术家倾注心血创作出来的作品，所以人们能够理解。不过，Twitter 的创始人杰克·多西（Jack Dorsey）写的第一条推文被卖出了 1630.58 以太币（约

111

Twitter 创始人杰克·多西的首条推文以 1630.58 以太币成交
资料来源：Valuables 网页（v.cent.co/tweet/20）

《纽约时报》的专栏作家凯文·卢斯（Kevin Roose）写的标题为"用区块链购买这个专栏"的专栏以约合 6 亿韩元价格成交，所得收益将捐给《纽约时报》自己的慈善基金会
资料来源：foundationAPP

合33亿韩元），这就很难让人理解了。杰克·多西在推特上写道，他将上述款项兑换成了50.8751669比特币，并捐给了非洲。

总之，NFT不仅可以制作艺术作品，还可以发表文字（推文），写报刊专栏，制作音、视频。《纽约时报》将标题为"用区块链购买这个专栏"制作成了NFT，令人意想不到的是，竟以350以太币约合6亿元韩币的价格售出。

对于NFT的几点疑惑

读到这里不免会产生如下疑惑。

"虽然还不太清楚，但钱都涌向了NFT啊。"

"像Crypto Kitty这样的猫不是在隐秘的场所偷偷地进行交易，而是在众所周知的市场上交易。"

"那么谁会制作并上传自己的作品呢？"

"谁会购买这些东西呢？"

"会出售具有'稀有性'的卡吗？"

"如果数字成为潮流的话，那么模拟作品会怎么样呢？"

下面就逐一了解上述疑惑中的最后两个问题吧。

首先，让我们了解一下"如果数字作品成为潮流的话，模拟作品会怎么样呢"的问题。

有一位因没有"面孔"而出名的艺术家，他的名字叫"班克西"。对艺术家们来说，他们有自我的世界，但班克西显得更加特立独行。有时将绘有猎牛和原始人购物的石雕偷偷在大英博物馆展出，有时在美国自然历史博物馆偷偷展出了装有导弹的甲虫画。因为他原本就是一位很受欢迎的艺术家，如果班克西在大楼的墙上涂鸦，楼主就可以高价出售。2018年，他的一幅名为"拿着气球的女孩"的画作以100万欧元成交后，便用粉碎机粉碎了画作，然后逃之夭夭。以他的这些行为完全可以称他为"精神病"。

班克西的作品在2021年用NFT实现了重现，正是2006年他创作的一幅名为"Morons（傻瓜）"的作品，正可谓画如其人，他在作品中写下了"I can't believe you morons actually buy this shit（我真不敢相信有买这些垃圾的傻瓜）"的愤世嫉俗的句子。区块链公司Injective Protocol以10万美元（约合1.1亿韩元）的价格购买了这部作品，然后用NFT发行。但是因为有模拟原图，再加上NFT的数字原件，就相当于有两个原件。NFT的意义在于不可替代，但如果有模拟原件，NFT化的画作就相当于现实世界的复制品，价值无法得到认可。因此，Injective Protocol为了证明这一点，将原始的"Morons"烧掉了。10万美元化为乌有只用了不到6分钟。

画作被烧毁后，最终只有NFT成了原版。该NFT作品名为"Original Banksy Morons"，并以228以太币（当时4亿韩元）的价格成交。

第三章 元宇宙，通过 NFT(非同质化代币)成为现实

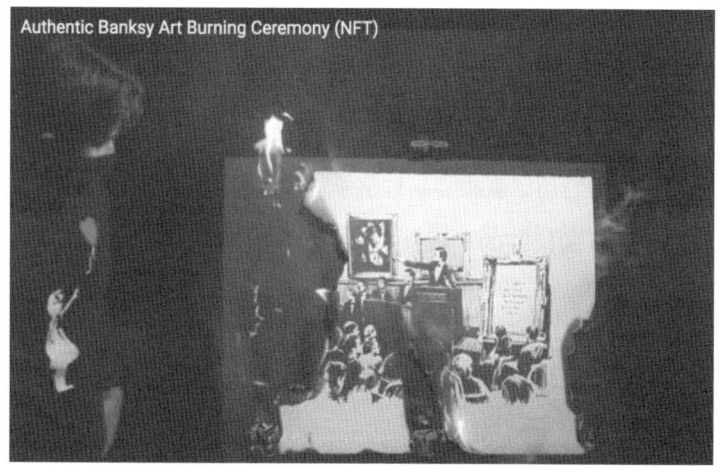

为证明是不可替代的原件，价值 10 万美元的班克西的原作正在被烧掉
资料来源：Burnt Banksy YouTube

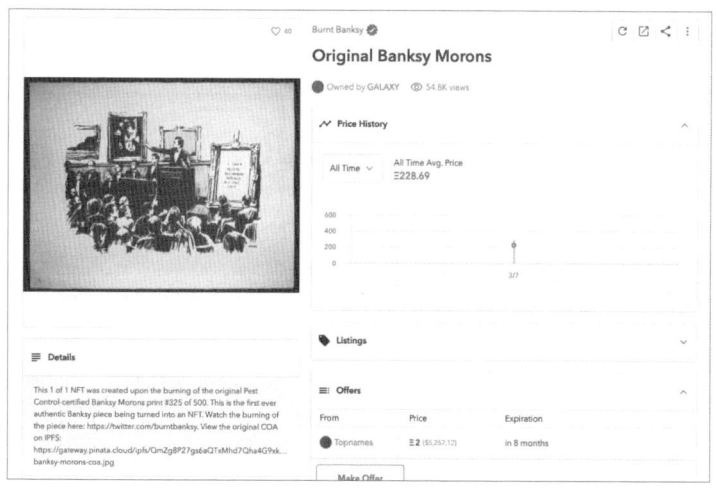

原作销毁后，成为世界上留下的唯一的原件 NFT 作品以 4 亿韩元的价格售出
资料来源：opensea.io

115

除了画以外，会出售具有稀缺性的卡片吗？如果是具有"稀缺性"不可缺少的东西，就是那些刺激收集欲的"卡片"。如果你有在线下文具店购买过游戏王或神奇宝贝卡，或者有给孩子们买过的经历，就很容易理解了。一般拿 1000 韩元会买到一包，里面有随机装的 5 张卡片。撕开包装纸时，里面装的卡片有多好就要全靠运气了，会产生一种忐忑不安打开信封的感觉。这时，如果拿出来一张稀缺性的珍贵卡片，就可以卖给别人，也可以和朋友交换。

在美国，最受关注的卡片是 NBA 卡。早在 2020 年 8 月，

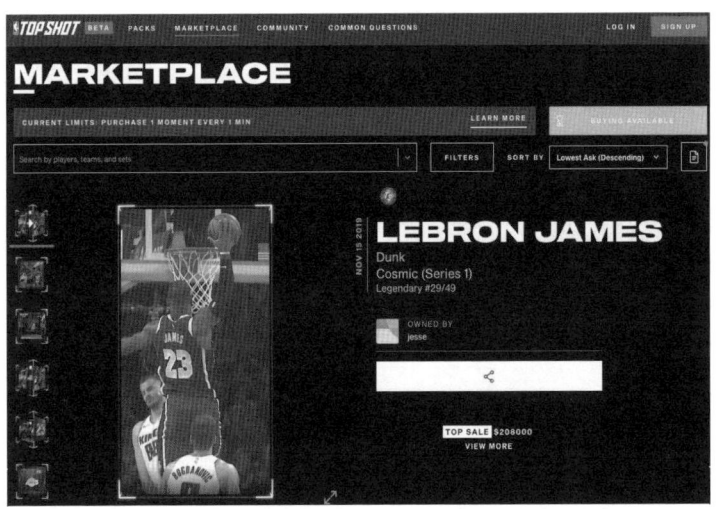

美国篮球运动员协会（NBPA）推出将 NBA 比赛场面用 NFT 制作成的
"NBA TOP Shot"，这些卡片大部分的价格超过 20 万美元

资料来源：NBPA

美国篮球运动员协会 NBPA 就推出了 NBA 比赛场面 NFT 化的"NBA TOP Shot（NBA 精彩进球）"。纸制的卡片容易起皱，一旦沾水或着火，其价值会降低，但数字卡却不同。此外，由于是"数码"，所以不仅包括静止的照片，还可以加入移动影像。如果拥有这种数字卡的话，还可以考虑与其他数字服务的联系。

被评为 NBA 最佳球员之一的勒布朗·詹姆斯（Lebron James）的扣篮卡在 2021 年 2 月 23 日以高达 2.3 亿韩元的价格成交。

将值得铭记的有意义的时刻变成 NFT 也是可行的。曾展开过人类智能与人工智能之争的 2016 年，AlphaGo 和李世石九段

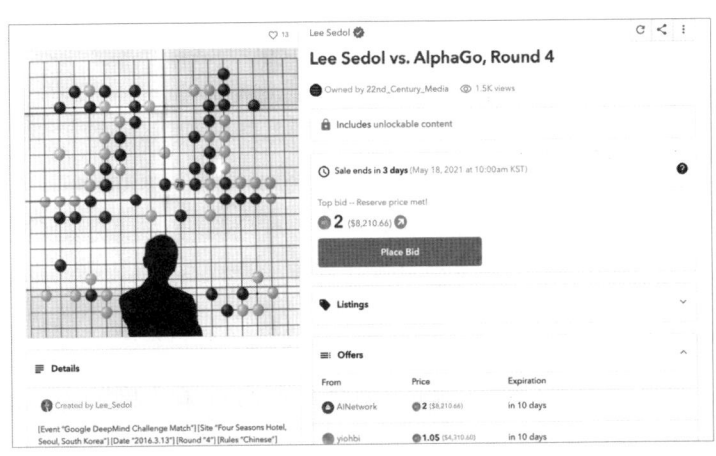

李世石九段与 AlphaGo 比赛的场面也被制作成 NFT 在网上竞卖，以 60 以太币（约 2.5 亿韩元）成交

资料来源：opensea.io

的比赛场景同样被制作成 NFT 参与拍卖。李世石九段在拍卖之前表示，他想和中标者下棋。2001 年 5 月，一位商人以 60 以太币（约 2.5 亿韩元）的价格中标。

请关注 NFT 交易所

从迄今为止的趋势看，NFT 交易所根据各自的特点，有交易艺术家的作品的地方，有上传游戏道具的地方，还有干脆售卖像 NBATOP Shot 一样专业化产品的地方。

提供有关加密货币交易所的信息的 CRYPTO WISSER 上整理发布了 30 多家 NFT 交易所，下面让我们看一下其中交易最为活跃的 3 家交易所吧。

1 | Opensea

当有人提到用 NFT 创作作品时，产生链接最多的交易所就是 Opensea。Opensea 是一个可以买卖包括艺术品，还有域名、游戏道具、游戏内不动产等多种 NFT 的复合集市。

再加上没有特别的审查，每个人都可以轻松上传售卖自己的作品（这被称为铸币 Minting），所以很多人都在利用它。得益于自身的这种优势，2021 年 3 月，其吸引了约 260 亿韩元的投资。

第三章 元宇宙，通过 NFT(非同质化代币)成为现实

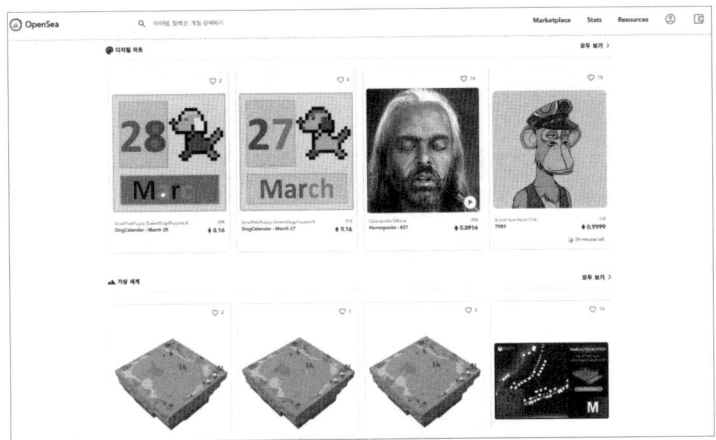

Opensea 是世界上最早的也是最大的 NFT 交易所，在这里可以进行艺术品、域名、铸币卡等大部分的数字资产

资料来源：opensea.io/?locale=ko

但是，在这里不能使用信用卡，只能用以太币等虚拟货币进行交易。最近 opensea 与 Kakao 的区块链关联公司 Clayton 建立了合作，因此预计会产生可以用 Clayton 的加密货币 Cray 进行交易，也可以将购买的作品植入 kakao "Klip 视频"中等多种合作方式，所以很值得关注。是初次接触 NFT 交易的人迈出第一步的好地方。

2 | Nifty Gateway

Nifty Gateway 是 2019 年 Winklevos 兄弟收购的交易所。他

119

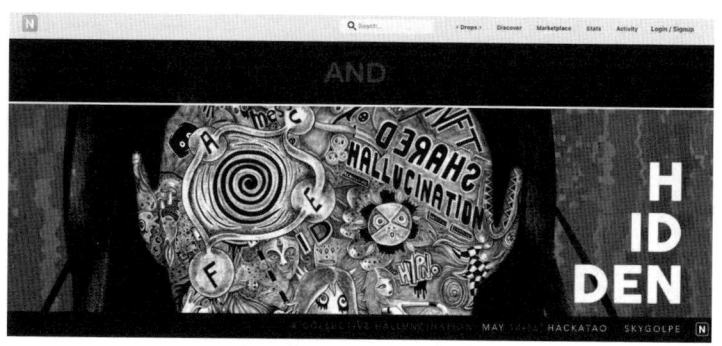

Nifty Gateway 允许用信用卡购买 NFT，通过严谨的审查吸引了数量不菲的著名艺术家的作品

资料来源：Niftygateway.com

们曾起诉 Facebook 首席执行官扎克伯格，称扎克伯格盗用了他们的想法开发出了 Facebook，最终双方和解，Winklevos 兄弟获得了一部分 Facebook 的股票。2013 年，Winklevos 兄弟拿出一部分钱投资比特币，并赚到了钱。2015 年开设了加密货币交易所"Gemini"。由于拥有这样的背景，Winklevos 兄弟也成为在加密货币方面具有相当大影响力的人物。2019 年收购 Nifty Gateway 后，2020 年升级更新为 2.0 版，用"信用卡"也可以购买 NFT。因此，就连不熟悉加密货币的投资者也被成功吸引到 NFT 上了。

当你浏览 Nifty Gateway 网站时，会感觉与其他网站相比，相当高级，在这里注册作品，必须通过苛刻的审查。作品经过严苛的验证，很容易吸引知名艺术家的作品，还能与其他知名公司合作。典型的例子是格莱姆斯和 Beeple 的作品在这里完成了交易。

3 | SuperRare

SuperRare 成立于 2018 年 4 月。只有通过评审才能在这里注册作品，这样就能够筛选出知名艺术家，保证了作品的质量。

SuperRare 正在规划维护精心策划作品的封闭平台，力求脱颖而出

资料来源：superrare.co

上传作品时需要支付 15% 的昂贵手续费，但在二次销售时可以抽取 10% 的版税，因此是能力卓越的艺术家首选的地方。SuperRare 方面表示，艺术家们在第一年平均每月的销售额约为 8000 美元，而最近则达到了 2500 万美元。SuperRare 同样只能用虚拟货币进行交易。

2021 年 3 月，成功融资约 100 亿韩元，三星全球投资公司三星 Next 投资了 SuperRare。

到目前为止了解过的 NFT 听起来似乎有些价值，但似乎又没有。那么，现在让我们来了解一下 NFT 有价值的理由，以及相信 NFT 市场会兴旺起来的依据。

3

信任 NFT 的依据

数字世界,什么是真实的,什么是虚假的?你对 NFT 的信心来自哪里?对此,可以从三个层面考虑,**即"现实与虚拟世界的边界崩溃""蒙娜丽莎理论"以及"不可替代证明"**。

现实与虚拟世界的边界崩溃

由于新冠肺炎疫情,现实和虚拟世界的边界迅速崩溃。2009 年,iPhone 的面市引发了一场移动手机革命,我们已经走在现实和虚拟世界的中间。现在在读这本书的时候,诸位还在模拟现实中,但桌子上的智能手机却与世界相连。在 Kakao Talk 中,Facebook 里还有另一个我。

由荷兰创业公司 The Fabricant 制作的数字礼服 Iridescence，在 NFT 所有者购买后 20 天内，可以在自己想要的任何平台的图像里获得该服装的定制图像

资料来源：The Fabricant 网页

疫情使这条边界变得更加模糊。疫情期间，人们居家的时间越来越长，更多地依赖智能手机和计算机。更准确地说，应该是对与互联网相连的网络世界更加依赖了。尽管很多事情似乎被隔绝和孤立，但通过 SNS 认识了无数的人，通过 OTT 欣赏电影和电视剧，体会到了网络的便利。购买食品和生活必需品时，在 Coupang（总部位于首尔的电子商务企业）等网上市场购买，通过"外卖的民族"APP 订餐。虽然发生了持续的订单和购买活动，但未见实际现金的流动。通过 SNS 和人们见面，但不会看到对方的脸。因为只看到了 Facebook、Kakao Talk 的个人资料和头像，所以现在 SNS 上问候你的人或许就是人工

智能。

人与人之间通过 Instagram、Youtube 看到的模样是真还是假，感觉有些混乱。但是没有必要摆脱混乱，因为每个人只要自己相信，这就是现实的世界。

用 NFT 购买商品也是如此。虽然不能实际触摸，但在网上感受到"这适合我"就足够了。反正即使有实物，只要上传到 SNS 上，其他人就不会认同吗？

全球首款区块链式的礼服"Iridescence"以 1080 万韩元的价格售出。但这件衣服不是实物，如果买家提供自己的数码照片，就可以穿上那件衣服。世界上唯一的一件衣服，正是 NFT 让你感觉有价值的理由所在。

"蒙娜丽莎理论"

据说《蒙娜丽莎》这幅画目前的价值约 44 兆韩元，亲自去卢浮宫看过的人都知道，不可能近距离看到这种价值连城的宝物。在森严的警备中，即使能够在相隔很远的地方，勉强拍一张不抖动的照片，都是万幸。

但是我们现在在这本书中却可以舒舒服服地欣赏着价值 44 兆韩元的画，甚至在街头美容院的广告上也可以看到，只要支付 1 万韩元，还可以在网店下单订购，第二天就会收到裱着画框的画作。此外，使用谷歌制作的"艺术 & 文化"，在家里也

名画《蒙娜丽莎》

能用 VR 逼真地游览卢浮宫,为什么非要浪费昂贵的机票和更宝贵的时间去看《蒙娜丽莎》呢?**那是因为世界上只有一幅"真正的""蒙娜丽莎"画作在那里,称之为"蒙娜丽莎理论"。**也就是说,即使有再多的赝品,真迹却是唯一的。

你可以在这里找到 NFT 受到关注的原因。尽管现在有艺术家画的真"原件"数字文件,但仍有数以万计个仿品在网上流传。即使确认了 NFT 的所有权,也无法阻止仿品四处流传。尽管如此，如果真正的数字原件在某处展出，它就会像卢浮宫博物馆的蒙娜丽莎画作一样得到认可。可是这里还是有一个问题，因为是"原版"且"世界上只有一个"，所以原创是有价值的，假如"原版"还有另外一个呢？

不可替代证明

不可替代证明是指证明"这就是原件"。线下的原创因为只有一个，所以才有价值，但另外一方面也有超越这一点的致命缺点。原件可能被烧毁、被水淋湿，因难以抵挡时间的流逝而变色。最大的问题则是可能会有人比照着画出一幅几乎完全一样的蒙娜丽莎画作，所以大部分围绕名作是不是伪作的争议是不会消失的。

名画《萨尔瓦托·芒迪》描写了一手拿着水晶球，一只手画着正在降福的耶稣的样子，这幅画被怀疑不是达·芬奇亲手画的，而是他的助手所画。那么，难道卢浮宫里的《蒙娜丽莎》也是伪作吗？实际上，蒙娜丽莎画作在1911年被盗，两年后1913年又失而复得。那么，人们当然可以发出"这幅《蒙娜丽莎》画作是原件吗？"的怀疑。

在现实世界中，确认并证明原创性需要花费很多时间、劳动和成本。如果说有什么确定的东西可以证明"这是真的"，又会怎么样呢？在蒙娜丽莎画的一角，如果有达·芬奇的绝对不可能被模仿的签名，那么后世的人会不会少受一点苦呢？

进入数字世界会变得更加复杂。例如，我画了一幅漂亮的画，把它放到了 Opensea 上。任何人如果愿意，都可以复制这幅画，如果复制被阻止了，甚至还可以截屏。再著名的数字艺术家的作品，也可以被轻松完成复制，这就是数字世界。因此在数字世界中，比现实世界更需要"这就是真的"的落款。关键就在这里。

在这个世界上，无论是谁看都会明白，认证一个人拥有"所有权"且谁也无法取代的技术就是 NFT。如果数字艺术家的权利能够得到切实的认证，就可以适用于摄影、影像、音乐、文件等各种数字作品。这便是 NFT 和元宇宙的连接点。

4

元宇宙与 NFT 的连接

NFT 如何与元宇宙实现连接呢？下面将从两个观点出发进行阐述。

对"道具"的所有权

首先，对元宇宙中的"道具"的所有权。即使不要元宇宙，我们也会花钱购买游戏中需要的道具。像购买一些能提升我们能力值的装备或武器，还有尽管和能力值没什么关系，但只是因为会把角色装扮得漂亮而购买的"衣服"之类的东西。不过，虽然我花钱购买了，但是所有权并不属于我。一旦游戏公司倒闭，那些费尽心思投资购买的道具也会消失得无影无踪。

谈到在游戏中需要花钱的"游戏充值"时，就不得不联想到《天堂》的执行剑。执行剑是整个服务器中只有 100 个左右的稀罕道具。2017 年时，这个道具的价格超过了 3000 万韩元。尽管你可以感叹"什么道具价值 3000 万韩元"，但这恰恰是游戏里令人难以想像的稀缺属性。甚至最近价格一路攀升到了 3 亿韩元，更高级别的执行剑据说价值 4—5 亿韩元，简直太令人不可思议了。

如果要问执行剑有多出名，从 2020 年 KBO（韩国职业棒球联赛）系列赛中 NC 恐龙队夺冠后，高高举起的不是冠军奖

NC 恐龙队在 KBO 韩国系列赛中夺冠，在庆典上队员高高举起了模仿《天堂》游戏中的有名的道具"真命天子执行剑"的实物剑

资料来源：NC 恐龙

杯而是执行剑便可见一斑（但执行剑的数字版是原件，模拟物是副本。为了成为 NFT，只有两者之一消失，一个价值才会更大）。

由此还引发了不少诈骗案件。让我们看一个案件吧，在游戏中，一名用户在与人发生争吵后，将执行剑掉落在了地上，并向外人炫耀自己拥有一把无与伦比的宝剑。这时，偷偷靠近的另一名用户马上捡起了剑，然后就溜之大吉。在现实世界中，虽然会叫警察来抓他，但是在游戏中却不一样。因为如果游戏里的玩家掉在地上的东西被某人捡走的话，那么不管现有玩家的意愿如何，都被认为是所有权转移了。虽然，在事实上玩家不想转移所有权但仍发生了这种情况，那该怎么办呢？这就是需要 NFT 的原因。

最近成为热议话题的美术品 NFT 也有令人苦恼的地方。投资艺术品的人都有自己的收藏品。收集在一起，慢慢鉴赏也好，将自己的艺术品捐赠后，再亲自去参观也令人感到惬意。关键先要有"去"或"聚"，如果买再多 NFT 作品，没有地方可以收集，也不能向别人炫耀，那又有什么意义呢？在这种情况下，可以收集并鉴赏这些作品的元宇宙画廊应运而生。

与元宇宙的连接

从《风之国》《天堂》到 Supercell（芬兰游戏公司）的《荒

The Sandbox 公开了可以一起展示数字艺术 NFT 的 "NFT ONLINE ART Gallery"
资料来源：Sandbox 游戏 YouTube

野乱斗》游戏，之前买过的道具很多，可如果游戏公司没了怎么办呢？将道具制成 NFT 存放在元宇宙中，不失为一种好办法。例如，你可以建立一个将用户的 NFT 藏品集中在一起保管并展示的画廊，也可以为每个用户在元宇宙上建造自己的房子，像在现实中的家里将作品挂起来保管。

The Sandbox 于 2021 年 4 月 10 日公开了 "NFT ONLINE ART Gallery（NFT 在线艺术画廊）"。单凭 The Sandbox 游戏中的 NFT 道具来装饰画廊是有局限性的，所以设想了一个可以一起展示从其他地方中标来的数字艺术 NFT 的在线画廊。虽然还面临很多问题，但可以清楚地看到人们想看什么，知道未来准备发展的方向。

Nifty Gateway 与全球拍卖公司苏富比、佳士得结成合作伙伴,发展迅速

资料来源:niftygateway.com

全球拍卖公司苏富比和佳士得也在 2021 年初进入 NFT 拍卖市场。佳士得以 6930 万美元(约合 785 亿韩元)的价格成交了之前提到的 Beeple 的 "Everydays-The First 5000 Days",苏富比则以 1680 万美元(约 188 亿韩元)竞拍得了数字艺术家"Pak"的作品"Cube"。

如此历史和传统的两家拍卖公司投身 NFT 也令人惊叹,两家公司选择的合作伙伴都是 Nifty Gateway。Nifty Gateway 还与 The Sandbox 合作,在元宇宙世界中有效地展示 NFT 资产,并成长为领先的平台。

NFT 与艺术品的结合

但是为什么"艺术品"在 NFT 中很重要呢？原因是交易金额大，具有象征意义。所以艺术品市场需要单独划分出 NFT 艺术。

在惊叹交易金额"哇，那太荒谬了"的同时，价格越上涨越能吸引普通大众和仍在观望的人的关注。其实就是盘子变大了。

还有另外一个象征性。也许，花数百亿元买一个毫无价值的、仅一行代码的数字文件毫无意义，但只有一个所有者拥有它的"象征性"是截然不同的。为了享有这种象征性，不能在无人知晓的情况下购买数字商品，独自欣赏，而应该公开让所有人都知情。那个所有者即使匿名，也要这样才有价值。

这就是为什么有必要与苏富比和佳士得等具有公信力的机构携手合作。在韩国，娱美德公司和首尔拍卖公司正在联手打造 NFT 交易平台。娱美德正在建立可以买卖 NFT 游戏道具的交易所，首尔拍卖公司正在通过"Seoul Auction Blue（指首尔拍卖公司的附属公司）"构建数字拍卖系统。

5

NFT 交易时的注意事项

NFT 充当着连接现实世界和元宇宙世界的桥梁。但是,在元宇宙交易 NFT 时,需要注意一些事项。让我们逐一了解一下。

剽窃争议

第一个问题说一下剽窃争议。有人模仿上传至一个交易所的作品进行创作,然后又上传到别处,或者未经作家允许偷偷地上传。最近 Trevor Jones 才得知自己名为《satoshi》的作品被上传到了 Opensea,于是联系了交易所,作品被立即删除。

2021 年初,CROSS 平台上线的作品剽窃了曾登上 BCAEX 的作品,这已经是众所周知的事情。但是 CROSS 方面并没有

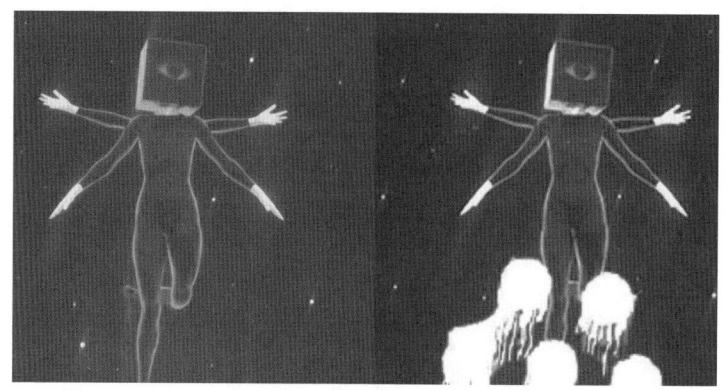

左图为上传到 BCAEX 上的《Magician》原作,右图为上传到 CROSS 上的赝品

资料来源:BCAEX CROSS

下架 58 件被指责为剽窃的作品,原因是作为"去中心化"平台,交易所不能随意删除个人上传的作品。

CROSS 线上的作品虽然有些部分做得有些不同,但谁看都会明白这是剽窃。在这种情况下,也很难验证原作者个人的创作是不是伪作。不过,到目前为止,仍有很多人认为这并不是交易所应该承担的责任,所以从购买作品的角度上讲,需要注意这一点。

原稿的所有权

第二个问题是对原作者作品原稿的所有权问题。2021 年 5 月,备受关注的李中燮、朴寿根、金焕基三位作家的 NFT 拍卖被取消。决定进行拍卖的 Wannabe International 表示，尽管通过美术登记协会履行了所有程序，但是持有版权的焕基财团和朴寿根的遗属们强烈反对，称"双方没有达成过协议。"

总之，对艺术品来说，除了版权方面的问题，还应该确认原稿加工成数字作品的真实性。今后还会持续发生同样的问题，因此应该关注一下。

黑客

第三个问题是黑客。当然，NFT 是使用基于区块链的以太币进行交易，区块链方式的最大优势是不易受黑客攻击。所以，NFT 本身虽然受到黑客攻击的风险较小，但交易所却并非如此。黑客们瞄准的也不是直接针对 NFT 和代币，而是交易所和个人账户。幸运的是，到目前为止还没有发生过针对交易所的黑客攻击，但窃取个人账户无疑成了让人头疼的事情。

2021 年 3 月，有报道称部分用户自己购买的 NFT 被盗，自己卡上的信息被盗用且被刷走了 1 万多美元购买了 NFT。Nifty Gateway 方面说，这并不是他们的失误造成的，而是因为用户个人账户密码在其他地方被盗用而发生的。

截至目前发生的攻击事件都是因个人账户的问题，但联想到世界著名的交易所曾经遭受过黑客攻击，因此不能保证 NFT 交易所不会发生同样的事情。

炮制

第四个问题来谈一下炮制的问题。因为NFT谁都可以自由制作，所以如果不仅关注个别人的言论，还跟踪骚扰艺人，将他们的私生活变成NFT，那就会产生严重的问题。比如，金融委员长殷成洙的发言被炮制成为"殷成洙币"，尤其对于敏感问题，会招来很多诉讼。但遗憾的是，迄今没有寻找到可以直接掌握创建NFT的人是谁的方式。对于成交的费用，也很难采取收回措施，这是现实。

套购套售交易

最后一个问题是套购套售交易，它是指对自己准备出售的商品进行投标并抬高出价。这种行为在拍卖中，可以说是司空见惯。例如，中标Beeple作品的是NFT基金元宇宙的创始人，以290万美元购买杰克·多西（Jack Dorsey）推文的人是BridgeOracle（虚拟货币企业）的代表。

他们闯入这个领域的原因很简单，这是一个如此备受瞩目的市场，正因为如此才能得到人们的青睐。其实并不能无端对此进行指责，毕竟他们自己投资了资金，实际购买了作品。这里我们必须注意的是，那些荒谬至极的作品也有卖家通过这种套购套售的方式来故意抬高价格。

6

NFT 交易时，哪些方面需要加强

为了解决 NFT 交易中可能出现的问题，应该在哪些方面加强？可以从交易所的责任、有象征意义的机构的认可、是否真伪的确认以及私人艺术家层面应该做的事情等方面入手。

NFT 交易所的责任

"去中心化"这个词很有意思。简单说来，就是中央的机构对个人和个人之间的交易什么都不做，不过这样的做法正确吗？无论交易额是大是小，当我们往 NFT 交易所上传作品或进行交易时，我们都需要缴纳手续费。**如果说像这样"钱"付出去了，**

交易所要担负起一定责任是理所当然的。如果交易前后均出现了伪作等问题，那的确有必要采取积极姿态加以解决。

对于遭黑客入侵方面，也应该要求交易所证明其具备高水平的安全措施。不用说当前因系统不健全已导致状态混乱，更不能保证虚拟货币交易所出现的问题永远不会在 NFT 交易所发生。

象征性

对 NFT 艺术来说，必须有具有公信力的第三方机构赋予的象征意义。被认为最能发挥这一作用的地方是苏富比、佳士得和首尔拍卖等拍卖公司，这些拍卖企业已经在现实世界中进行过许多作品的交易。如果作品在交易所完成注册之前，能公证一下它是不是真正有价值的作品，是不是模仿或伪作，作品的价值肯定会大幅增加。当然，这也存在一些缺点，一个是会导致新人成为明星的机会大大减少；还有另外一个缺点是，在增加了认证和销售等程序后，意味着利润也会被抽走。但即便如此，这也无疑是最安全的方法。

构筑能确认真伪的系统

**不仅是美术品交易，对所有 NFT 交易来说，建立能够确认

真伪的系统都是必需的。NFT 的所有者被记录在区块链上,因此任何人都可以确认区块链属于谁。但是,这里的"任何人都能确认"中的"任何人"说的是熟悉这个系统的人,而不是普通大众。对任何人来说,要想在任何地方得到认可,就需要一种能够验证和告知的简便方法。所以,将每个交易所里的作品集合在一起,用 DB 搜索也就成为一种方式。如果说无法确认作品是剽窃或伪作,那么在疑云丛生的环境中,市场是很难扩大的。

私人艺术家层面应该做的事情

对私人艺术家来说,他们的机会比以前多了。但是,这个机会可能只是针对著名艺术家来说的。因为随着 NFT 作品越来越多,人们择肯定倾向选择"已经出名"的艺术家。

作为新人作家来说,随着 NFT 交易所的增多,没有必要只选择一家,只要自己创作的作品不是相同的作品,最好放在不同的交易所销售(当然,这也适用于知名艺术家)。问题是,从粉丝的立场上看,这样就会显得混乱,管理起来也复杂。对于这个问题,如果灵活使用 SNS,完全可以解决。**需要建立一个集合自己作品的主页,通过 Facebook、Instagram、Twitter 公开自己创作的作品,并通过链接向粉丝们更加积极地宣传。**像 Beeple 这样的艺术家已经通过 SNS 积极宣传自己的作品。

极简元宇宙

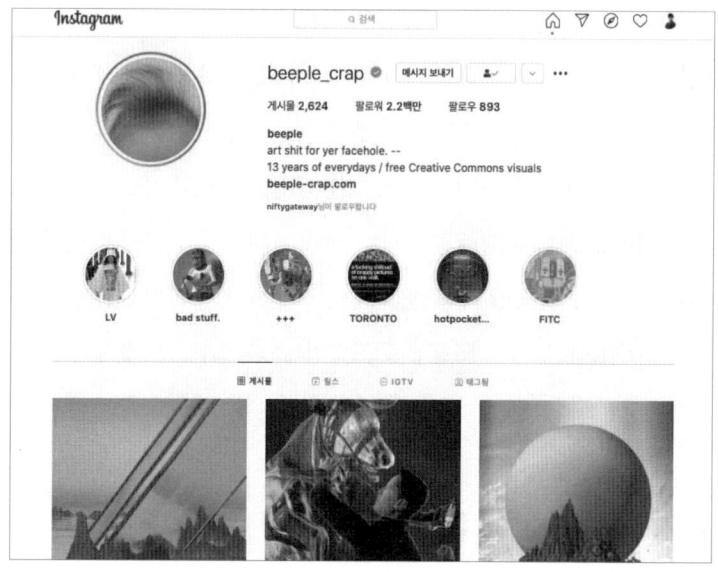

Beeple 自己创作的作品在 YouTube、Instagram、Facebook 上展示
资料来源：beeple_crap Instagram

7

NFT 的泡沫，以及扩张的可能性

NFT 是泡沫？是未来？

这里不得不再次抛出曾在元宇宙中提出的问题。有人说现实中无法触及的数字商品是没有价值的，可虚拟道具在我们的生活中早已随处可见了。

典型的就是"钱"。很久以前，我感受过硬币的嗡嗡声，纸币的厚实。世界各国已经在推进建设没有硬币没有现金的社会。在中央政府发行并普及数字货币 CBDC（央行数字货币）的未来，届时要想拥有真正的硬币，也许还要花钱购买。

尽管如此，**为什么把 NFT 看成泡沫呢？一句话，因为价格**

不稳定。虽然对钱的标准各有不同,但即使这样,一张卡成交几千万元,一个 jpg 格式数字作品成交几亿韩元的市场还是让人不寒而栗。有报道称,2021 年 4 月初,NFT 的平均价格暴跌近 70%。但是,这种报道和氛围发生在比特币和以太币的早期。在谈到 CryptoKitty 的没落时,也是议论纷纷,价格尽管跌了一部分,但并没有变成废纸。比特币也是如此。没人不知道这些东西未来可能会一钱不值,不过仍凭着稀缺性和大众性,站稳了脚跟,虽然涨跌幅大到荒谬,但还是逐渐稳定下来。NFT 也会很快稳定下来,因为不仅大众关心,企业也在聚焦。

那么稀缺性呢?想想前面讲的"收集卡片"吧,《神奇宝贝》卡和《游戏王》卡一包价值 1000 韩元左右,但稀缺性的卡每张会卖到几万韩元。此外,除了享受收集的乐趣外,还能享受与对方玩卡片游戏的乐趣。《游戏王》和《神奇宝贝》虽然也做成了网络游戏,但并没有像线下卡片那么稀缺,所以并没有大受欢迎。那么,如果厂商把每一张卡都做成 NFT,然后面向全球以稀缺性的噱头进行销售呢?而且如果这样得到的卡片也能在实际游戏中使用,让任何人可以得到认可甚至炫耀呢?这些都是值得充分考虑的。

提到"稀缺性"和"收集",有些领域是不可或缺的。**例如在韩国拥有巨大优势的 K-POP**。您可以将 BTS 的第一张专辑、第一张 YouTube 视频和练习生时期的视频各自制作成 NFT,正如把 NBA 球星的名场面做成卡片一样,球迷如果不买就会念念不忘的有意思的场面变成 NFT 的话，那么它的价值就会超乎想象。

实际生活中使用的 NFT

现在，让我们从日常生活中来看一看，在"不可替代"这一方面，可用于现实生活的包括身份证、驾照和护照等证明个人的证书和国家机关颁发的证书。而且，这些"身份证"和"资格证"已经从 2020 年底开始，进入 KAKAO、NAVER 等多家移动通信公司的 PASS 应用程序中。

那么，我们把到处收集的道具放在一处，不是很容易保存起来吗？ 交易所或者少数网站在某一天可能会突然消失，也可能遭到黑客入侵。数字币也存在同样的问题，所以如果不是以直接交易为目的，会将币单独存储到个人"钱包"里，而不是放在交易所。此时像这样的离线保管被称为"冷钱包"，在交易所以外的地方保管叫作"热钱包"，其中有两项服务对后者提供支持。

其中之一是三星的"区块链钱包，从三星的智能手机 Galaxy S20 以上的手机开始，就可以使用"区块链钱包"了（在三星应用商店搜索后安装即可），从交易所将数字币发送到三星区块链钱包后，就装在钱包里了。

还有一个服务是 Kakao 的 "Klip" Kakao 早在 2020 年开始

就打造了"Klip"这一服务,并默认搭载在 Kakao Talk 上。在 Klip 中,可以将每个代币组合起来,默认包含基于 Kakao 的子公司 GroundX 的区块链平台 Clayton 创建的名为"Cray"的币。在 Kakao Talk 上点击"更多",菜单上最后有"全体服务",点击后就会看到"Klip"菜单。用 Klip 可以做两件事,可以注册各种"代币",收集或交换"卡"。

　　GroundX 以 Clayton 为基础,为实现 NFT 的大众化,正在推动 2 个项目。一个是"Crafter Space",可以让任何人都可以免费轻松创建 NFT,创作的作品可以与 NFT 交易所 Opensea 联动销售。第二个是基于 NFT 的 SNS"MyTems",它跟欢迎卡一样,能发售自己的 NFT 的平台。

进入 Kakao Talk 里的 Klip 程序里,里面有 Clayton 制作的名为 Cray 的币

ebay，支持 NFT 交易

2021 年 5 月，全球网购平台 eBay 表示将支持 NFT 交易。虽然现在还处于准备阶段，正筹划对上传作品的创作者的验证和交易方法等事宜，但是在 eBay 上支持 NFT 交易，也被解释为可以用加密货币购买商品。一旦 eBay 成功进行 NFT 交易，亚马逊、阿里巴巴等大型电子商务公司绝不会袖手旁观，新一轮市场有望开启。

韩国国内游戏市场尚在准备阶段

与国外不同，在韩国的游戏中不能使用或获得 NFT。因为在游戏中，NFT 道具的所有权归用户所有，因此游戏产业法上认为它"相当于赠品"。总之，就是担心会像赌博一样。最终，Skypeople 的 *Five Stars* 被取消评级，*Princess Maker Clayton*，*Crypto Sword & Magic* 都因同样原因被取消。

NFT 是与虚拟货币相联系的，虚拟货币可以在交易所变现，因此对政府来说，这是不能轻易通过审批的。但在元宇宙的世界里，与现实世界的资金联系是必不可少的部分，因此从现在开始需要抓紧讨论形成最终意见。

正如我们迄今为止所探讨的那样，因有着横跨元宇宙和现实世界两方面的作用，NFT 可能会进一步扩张。但制度和系统还需要进一步完善，因此不能一味为追求利润而蛮干。公司以利润为中心，渐渐发展壮大起来的原因也在于此。

小贴士 TIP

**试试在 Opensea 制作
并销售 NFT 吧**

要在 Opensea 制作并销售 NFT，只须在 opensea.io 注册会员，创建属于自己的空间（商店），然后上传作品，确定价格即可。但是 Opensea 是以虚拟货币（以太币）为基准进行交易的地方，注册会员时必须连接上自己的加密货币钱包，在创建空间时要交手续费（gas 费），可能有点复杂，但对照着逐个跟着做一遍就清楚了（如果你已经拥有虚拟货币，那就直接跳转到 3 吧）。

1 | 购买以太币

第一步是购买加密货币以太币。以太币价格是 1ETH 超过 300 万韩元。虽然是为了交易 NFT，但要强制投资加密货币会不会有点困难呢？没问题，将加密货币分成 0.010.02 的方式，按实际需要购买就可以了。首先，在加密货币交易所购买 0.1—0.2ETH 的以太币。

Opensea 手续费为 0.03ETH，在从加密货币交易所向钱包发送时，需要支付取款手续费 0.01ETH 左右，因此购买以太币时多取一些留有余地最好。

2 | 设置 MetaMask（虚拟倾向钱包）

为了设置 Metamask，应该使用"chrome"浏览器。运行 Chrome 之后，登录"chrome 网店（webstore）"，在这里搜索 MetaMask 并添加到 chrome。

MetaMask 是存放以太币的"我的钱包"。需要注意的是，一旦丢失了密码，就再也找不回来了，因此千万不要在公共电脑上注册。完成设置后，单击右侧的"创建钱包"。此时，必须备份（保存）密码备份答案。

完成所有步骤后,会如图所示创建 MetaMask(如果您从新计算机重新连接,只须单击"获取钱包",输入备份语句,然后连接即可)。

3 | 从交易所向 MetaMask 汇送以太币

创建钱包后,需要向 Opensea 支付手续费,所以要从购买以太币的交易所将以太币汇到 MetaMask。从 Bithumb 的标准来看,点击"取款"按钮后,选择"以太币",会出现"以太币取款地址栏"。在这里,你只须加入刚刚创建的 MetaMask 的唯一地址,然后申请取款就可以了(UpBit、Bithumb 等交易所的菜单配置不同,但方法相同)。

4 | 登录 Opensea

在 Chrome 上登录 Opensea.io,按下菜单右上角的人形按钮,运行 sign in,就会与 MetaMask 连接(继续使用 Chrome 浏览器)。

第三章 元宇宙，通过 NFT(非同质化代币)成为现实

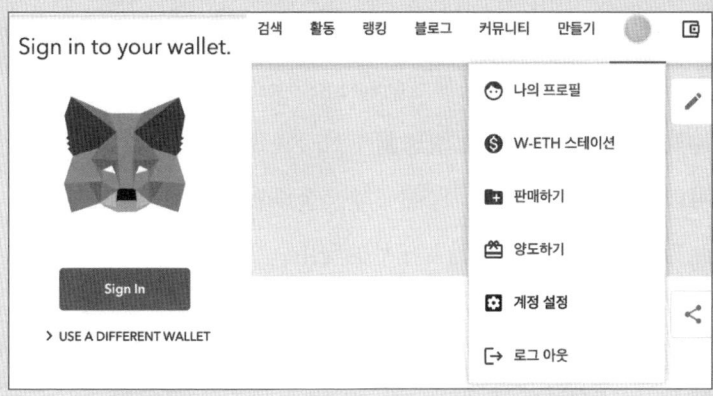

　　账户成功连接后，现在让我们进入"创建"并创建商店吧。点击"Create"，然后在 Create new collection 中完成创建就可以了。创建商店完成后，接下来的顺序就是在商店内注册 NFT 作品，然后申请销售。

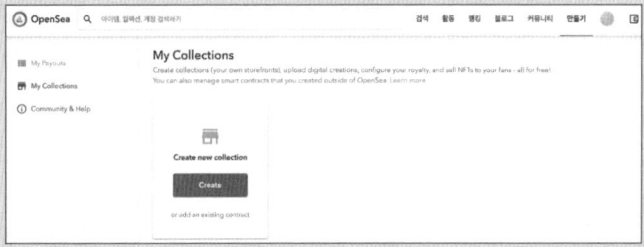

5 | 作品注册

在创建的商店中选择"Create new item"即可,选择已经创建好的图片文件,可以快速制作 NFT(不仅可以上传图片,还可以上传音乐文件)。仔细完成其余设置有助于买家搜索。到此为止,制作 NFT 不需要额外的费用。

6 | 销售 NFT

点击自己创作作品右上方的"销售",就可以确定要出售的价格,是否进入拍卖会等各种内容。在正式销售前,需要向 Opensea 支付最初的注册手续费,这个金额在 0.03ETH 左右。

完成所有流程后,诸位创作的作品即可在 Opensea 注册并销售了。以后再注册作品时,无须另外支付费用(政策可能会改变)。以下是作者上传的 NFT。

第四章

元宇宙的未来，
应该关注什么地方

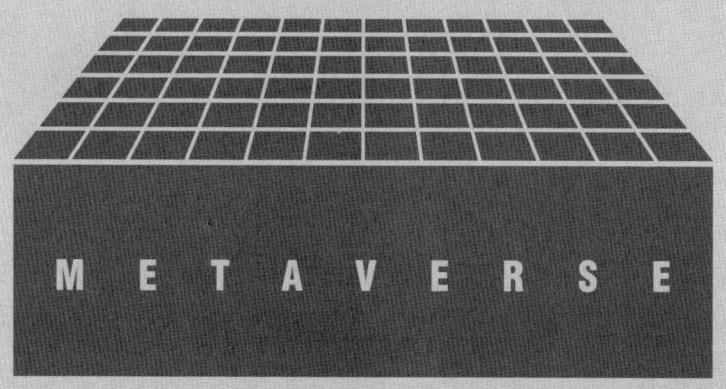

1

成功的元宇宙的三大要素

到目前为止,我们了解了元宇宙的世界和其中每个具有交换价值的物品,以及与钱相关的 NFT。把所有不属于我们生活的现实世界的东西看作元宇宙也好,替代现实或者把新的现实当成元宇宙也好。不管变成了什么,从现在开始,这是一个新的未来的开端,这个定义正在由我们创造。

世界日新月异,预见未来的变化有些勉强,那让我们就以当下为起点,审视一下"成功的元宇宙"的三个要素吧。基于此,如果目前正在准备构建元宇宙,请检查是否有遗漏;如果打算利用元宇宙,请使用经过验证的用途。

利润化

当第四次工业革命早已成为热点话题的时候,我们回到 AlphaGo 和李世石九段举行比赛的 2016 年,那时虽然大家都在谈论人工智能,但在人们的日常生活中并没有带来显著的变化,人们开始表现出兴趣是从引入人工智能呼叫中心,工作岗位减少开始的。

YouTube 也是如此。很多人都说,当主播可以赚钱,最初大多数人不以为然。但当 6 岁的孩子成了江南业主,70 多岁的奶奶成了百万级主播,大家才纷纷投身 YouTube。这是因为"钱"能看得见。

对元宇宙的关注也是如此。这是一个早就有的虚拟游戏,是虚拟的财物。Roblox 和 NFT 多年前也出现过,但当真正赚钱的公司和个人开始出现后,人们的注意力和行动才慢慢发生变化。

在这里可以找到元宇宙成功的第一个要素。在元宇宙的世界里,不仅是让提供平台的公司赚到钱,参与的其他公司及个人(玩家)也能获得"收益",永葆生机的概率才会很大。 Zepeto 和 Roblox 就是代表,这两者创造了个人可以创造收益的元宇宙世界的就业机会。

NFT 交易所也是如此,之所以受到青睐,是因为它给数字艺术家带来了成为第二个 Beeple 的希望。如果有了金钱福利，人们就会更多地参与其中。

《堡垒之夜》和《动物森林》尽管让很多人参与进来了，但并没有提供赚钱的机会。今后，他们将不得不思考如何提供类似形式的服务。当然，如果让玩家作为生产者参与，"质量"和"平衡"的管理就会变得困难。即使这样，如果不让大家参与的话，玩家极有可能被其他元宇宙抢走。那么，为了保持质量，我们为什么不像 NFT 交易所或 Zepeto 那样，引入一种只有接受审查通过才能给予利润化机会的方法呢？

从苹果推出 iPhone 到现在，它之所以保持增长，是因为它有一个叫作 App Store 的平台。元宇宙要获得成功，其自身同样必须成为一个盈利的平台。

提供应该登录的理由

2002 年世界杯时，让人印象深刻的是在街头助威人群中卖矿泉水发横财的人。因此，4 年后的 2006 年世界杯期间，人们大把大把地摘掉发光的恶魔角发带和红魔手帕兼头巾，前往市政厅广场。但打开坐板坐下时，不禁感叹"哦，这可不容易啊"，众多跟我有同样想法的私人商贩蜂拥而至，以至商贩比前来助威的人都多。即便如此，人们还是觉得因为能"聚在一起"看比赛，所以不断聚集，幸好个人生意没有太大的损失。

元宇宙的世界也是如此。前面提到无目的游戏，自由度过高的游戏反而极可能面临被人们束之高阁的境遇。《堡垒之夜》虽然是一个战斗皇家游戏，但由于引进了皇室派对，给了人们慢慢浏览和享受的自由。就像世界杯一样，成功地提供了"应该欣赏的理由"。《动物森林》给了人们一个愿景：可以精心布置自己的岛屿，向世人开放。Zepeto 在允许装饰自己的头像之外，还创造提供了装饰过的头像，能聚集在一起的一个空间，并通过点名任务和活动，不断提供登录的理由。

那么，**除了利润之外，NFT 交易所还能带来什么理由和乐趣呢？**在这一点上做得最好的非"NBA TOP SHOT"莫属。TOP SHOT 限制了购买卡包的时间，赋予了它非常不方便的强制性，需要事先预约，然后在那个时间段登录才能购买，这就

"NBA Top Shot"限制了购买卡包的时候，在规定时间内登录才能购买

资料来源：NBA TOP Shot 网页（nbatopshot.com）

像玩一场令人怦然心动的游戏一样。其他交易所也必须引入多种活动，包括提供只能在规定时间段购买限定商品。

与其他社交媒体的连接

如果《动物森林》里举行的各种活动只能在《动物森林》游戏里面完成的话，那只能算是这场游戏独自的盛宴。如果只在 Zepeto 分享从 Zepeto 里购买的衣服，同样也只能算是体验围墙里的快乐。游戏也是如此。越来越多的游戏让游戏中自己的角色变得精彩起来，提供轻松分享或者录制、下载游戏视频的方法。这是为了便于传播到其他 SNS 上。Zepeto 是典型的代表，在这里可以录制游戏中化身跳舞的样子，并且允许在特定地点穿着名牌衣服拍照。用户们在 SNS 上分享拍摄的照片和视频，炫耀自己的角色。这就是之前提到的"Zepeto 情景剧"能够产生的力量。通过如此不断的连接和扩展，可以让那些即使是不爱玩游戏的人也受到启发，这是什么游戏，在游戏里要做什么？渐渐地，在现实世界里会看到游戏中的角色和合作的产品，也会看到现实世界中的知名品牌入驻游戏里，这些将都不再是稀罕事。

在这点上，NFT 作品也应该思考，如果说个人感兴趣而且安全性没有问题的话，将个人的收藏品可分享到社交媒体或者现实世界中。当然有最简单的办法，就是数字展示。已有梵高、高更等著名画家的作品用数字艺术完成复原并展出。那么，同样地，把数字艺术家的作品装在数字相框里展示不就行了吗？因为不存在丢失、被盗的问题，所以值得马上尝试。

2

"重出江湖"的赛我网

乘着元宇宙的东风,赛我网又回来了。迄今谈论的装扮头像、与朋友聊天、建立连接等各种元宇宙的基本要素,早在1999年就被应用在赛我网上了。

赛我网于1999年开始提供服务,2003年被SK通信公司收购,2014年又开始独立运营。有些人认为,赛我网垮台的原因是因为SK通信这个大公司,其实也不尽然。

如果说2003年没有被收购,那么小规模的赛我网可能承受不了涌入的流量,或许早就关门了。被认购后,不仅改善了速度,而且通过与作为全民即时通信工具的NateOn建立了联动,实现了用户可以快速登录,从而也留住了更多的人气。

因橡子（虚拟货币）、一寸、冲浪等"迷你小窝"而深受国民喜爱的"赛我网"借着元宇宙的势头又回来了

资料来源：cyworld.com

赛我网最大的失败原因在于其未能真正适应"移动时代"。2009 年底，iPhone 登陆韩国后，以手机为中心改变了世界，赛我网没有开发手机版本，NateOn 也同样落在了后面。最终，在适合手机应用的 Twitter 和 Facebook 人气暴涨的局面下，赛我网用户陆续流失，而 Kakao Talk 的出现也同样让 NateOn 沦落到抢不到用户的尴尬境地。

2016 年 Freechal（视频分享网站）创始人全济完接手了一蹶不振的赛我网，准备全面复活这家公司，但最终宣告失败。2019 年网站无法进入、企业代表及相关人员失联、国民请愿等多种问题接踵而至，2020 年被税务机关勒令关停。

2021年"重出江湖"的赛我网推出了针对新注册用户免费提供"赛橡"等活动，吸引新、老会员

资料来源：cyworld.com

  2021年，娱乐公司SKY E&M等5家企业新成立了名为"赛我网Z"的公司，以支付10亿韩元滞纳金为条件收购了"赛我网"，2021年下半年将准备开业。

  目前传出的计划包括将打造提供2D和元宇宙赛我网3D技术相结合的特别的赛我网，将推出此前一直提供服务的"迷你小窝装修版"以及适用增强现实技术的新版"迷你小窝"。同时，还将全新推出曾造成公司失败的"移动版"业务，网站再次开放时，将同时呈现移动和Web两种版本。

  一提起赛我网，我马上想到的是被称为第一代数字货币的

"橡子"。有了"橡子"才能给头像（Mini-Me）穿衣服，购买"迷你小窝"家居，更换背景音乐，现在想到Zepeto用的币和ZEM（数字货币），就容易理解了。2019年中断服务时，"橡子"余额超过38亿韩元。幸运的是，SK通信公司保存了3200万名会员的180亿份数据资料，现正在办理归还会员资金的手续。

那些不愿意退款的人可以得到2倍的"橡子"，不过因为商标权问题，今后不再使用"橡子"一词，而是换成了"赛橡"。"赛我网Z"正紧锣密鼓地筹划多种业务，提出要与MCI财团联合开发区块链服务，甚至还包括NFT业务等。

到2020年底，当"赛我网重新复活""元宇宙化""橡子可以重新使用了"这些话题出现的时候，也会听到"回忆会永驻吗""十分好奇想进入网站看看，但不想非要再玩赛我网了"这样的说法。然而，进入2021年后，人们对元宇宙的关注度越来越高，世人看待赛我网的态度也在悄然变化着。

目前，除了Zepeto，暂时还没有值得将其视为能提供诸如装扮自己的头像、社交上结识其他人的元宇宙服务的服务。经过10年的时间，曾导致赛我网陷入困境的Twitter和Facebook，也有越来越多的用户也正逐渐对其失去兴趣。这对赛我网来说是一个实现全新飞跃的绝佳机会。但是假如沉醉在元宇宙的氛围中，将过去的形态和一个完全不一样的赛我网呈现出来的话，最终走向失败的结局也只是时间的问题。**赛我网的兴衰以及新的飞跃，是所有其他元宇宙的服务商都值得关注的地方。**

3

新的人类，
数字人类的到来

我们现在也在元宇宙里认识了无数的人，度过了漫长的时间。但是，如果这些人不是真正的人，而是"人工智能化身"呢？当角色扮演类游戏 RPG 中被称为 NPC 的角色真的像人一样行动时，我们能区分出玩家和化身吗？

例如，在《怪物猎人》的游戏中，当在猎捕怪兽的过程中靠一个人的力量无法完成时，就可以发出"救援信号"。那么，那些所谓的"先人（长时间玩一个游戏的玩家）"就会登录，一起猎杀怪兽，这时除非与"先人"进行攀谈直接询问对方，否则没有办法分辨这些人是不是人（玩家）。除此之外，在众多游戏中加入"派对"的人也是如此，你怎么能确定他们是真实的人？

2020 年 12 月，一个名为"伊鲁达（Iruda）"的人工智能聊天机器人出现在 Facebook 上，它可以与人自然地进行对话，以至那些与机器人交谈过的人说，感觉就像在和朋友或弟弟聊天一样。后来因负责研发机器人的 Kakao Talk 未经授权搜集对话、泄露个人信息等争议，该服务被马上中止了。但是这确实已经到了难以鉴别真假的地步。

在 Zepeto 里为了让一个人玩游戏不至于感到别扭，可以跟 Zepeto 提供的化身合影。如果再加上高度人工智能的话，在 Zepeto 里不就可以成为咨询师了吗？

万一化身操着自己的嗓音说话，并且能独立行动会怎么样呢？我们已经在 1998 年见到了网络歌手"亚当"。只不过亚当的声音没有经过合成，而是借用未公开真实面孔的歌手的声音，外形经过了电脑特殊设计。

一直从事专辑制作的亚当因为无法承受制作费的压力，逐渐减少了演唱活动，2016 年他尝试通过 keedari 基金项目获得资助以重启演唱会，但遗憾的是最终未能实现。

目前，对他们最合适的称呼就是"虚拟网络红人"，其中最著名的是 Lil Miquela，她是在 Instagram 上拥有 306 万粉丝、YouTube 上 26 万粉丝的巨星，曾被评为"2018 年在线最具影响力的 25 人"之一，其照片被刊登在《时代》杂志上。

从 Lil Miquela 的 Instagram 上来看，并没有"哇，和真人完全没什么两样"的感觉，而是看起来"似乎更像是游戏里的

1998年1月,凭借主打歌《世上没有的爱情》出道的韩国1号网络歌手亚当成为"虚拟网络红人"

资料来源:Adamsoft 公司

在 Instagram 上拥有粉丝 306 万的 Lil Miquela 是美国 Brud(硅谷人工智能科技公司)2016 年推出的虚拟模特兼音乐家

资料来源:Lil Miquela Instagram

角色",但为什么她的人气还很高呢?

原因就在于这个角色即使不是现实中的,但她所穿的衣服、佩戴的首饰和经常去的地方都很火。再加上她并不是一个人待在现实世界里,而是和真正的"人"们一起举行生日派对或拍照,这些画面相当真实。甚至在采访拍摄时,就算站到她身边也感觉十分自然。

诞生于 2016 年的 Lil Miquela 迄今赚取的收益超过 1170 万美元,拍摄一次视频的费用超过 8500 美元。因为是网络红人,所以都才华横溢。Lil Miquela 不仅是在 Spotify(流媒体音乐服务平台)上发行了音乐专辑,还在 NFT 艺术平台 SuperRare 上展出了名为 "Rebirth of Venus" 的作品。

当你看到图中左边的男人时,你会想到什么?他看起来是位衣着光鲜的成功商人。乍一看,我想起了扮演《复仇者联盟》

变身成为"虚拟网红"的 KFC 爷爷哈兰·山德士,左侧照片是跟消暑饮料胡椒博士进行的商业合作

资料来源:KFC Instagram

雷神角色的克里斯·赫姆斯沃斯（Chris Hemsworth）。但是白色的头发和小胡子好像在哪里见过一样。不错，他正是 KFC 的肯德基爷爷，65 岁创业成功的哈兰·山德士。令人惊讶的是，左边的那位潇洒的男人是用现代的手法重新诠释出来的"虚拟网络红人"。他行走在现实世界中，会见 KFC 员工，激励他们，与他们一起拍照，跟胡椒博士合作。合作很容易，因为只要把

日本宜家模特是 CG 动画公司 ModelingCafe 制作的虚拟网红

资料来源：imma.gram

胡椒博士放在旁边问题就解决了。

在日本则有"Imma",其粉丝数量约为33万。和Lil Miquela相比,Imma具有更出色的造型。2020年,Imma与宜家携手在日本原宿商场拍摄视频,展示了"一个人生活"的日常,看到视频的人们欢呼雀跃,视频被迅速地传播开来。

韩国也有完美的虚拟网络红人。"金来儿"意为来自未来的孩子,是LG电子制作的虚拟网红。她跟世人见面已经一年

在世界规模最大的家电、IT展览会"CES2021"上金来儿参加了LG电子举行的新闻发布会并进行了3分钟的演讲,她还是SNS上作曲的网红

资料来源:金来儿(Reah Keem)Instagram

多了,在"CES(国际消费电子展)2021"上负责LG电子的笔记本电脑等产品的发布。目前,粉丝数量为9000人,与海外知名虚拟网红相比还有不小的差距。

当然还有其他角色。不论是谁一眼就能看出是虚拟的角色,但却比现实世界的歌手更受欢迎,那就是拥有28万粉丝的兔人APOKI。

APOKI是真实配音演员用声音和动作捕捉创作出来的角色,只不过没有逼真模仿人的形态,所以一眼就能看出这是动画。从不裸露面孔这一角度来看,APOKI和亚当很相似,也和Netflix播出的连续剧《黑镜》中的"瓦尔多(Waldo)的全盛时代"的瓦尔多有几分相像。

YouTube是APOKI的舞台,主要上传的视频是模仿其他歌手唱歌的"翻唱",跟着舞蹈翩翩起舞的"翻跳",还有实时直播。能够实时直播是因为她能直接识别人体动作。她偶尔会上传乔迁新居之类的内容,与粉丝们互动聊天。

Rui是DOB Studio公司创作的角色,是在不露脸歌手演唱的视频上,采用人工智能制作面孔的深度换脸技术制作出来的。由于人气暴涨,其网页上发布了"慢慢回复"的公告,同时还宣布将于2022年7月推出个人服务。

第四章 元宇宙的未来，应该关注什么地方

APOKI 作为以电脑特效设计出来的艺术家，是一个长着长耳朵和尾巴的兔人。2019 年起，表演 K-POP 及翻跳舞蹈，最近则推出了原创单曲《GET IT OUT》

资料来源：APOKI Youtube

翻唱专业歌手 Rui，是目前见到的虚拟网红中长得最像真人一样

资料来源：RuiCoveryYoutube

175

企业投资虚拟网红的原因

企业为什么将钱和时间投资在并非是真实的人而是虚拟网红身上呢？

首先，因为现实和虚拟的边界消失了。 即使不是真的，也可以拥有 YouTube 和 Instagram 的账号，只要表现得像真的，他们在虚拟的世界里就都是真实的角色。我们在现实世界里拍的照片是一张静止的照片，不也上传到 Instagram 上吗？再加上和其他明星不同，他们会相当亲切地回复评论。如果你成为 LG 的金来儿在 Instagram 的朋友，想想你们在游戏里以化身的身份相遇了，那得多高兴啊！金来儿在 LG 制作的《动物森林》中制作自己的化身。BLACKPINK 在 Zepeto 举行了粉丝签名会。在元宇宙的世界里，这些事情都将变得充满无限可能。

其次，与现实的网红相比，其管理起来更容易。 如果启用艺人作为公司的代言人，就要承担一定的风险。因为艺人也许会酒后驾车，暴力行为等，也许会出现政治倾向的问题。但是虚拟网红就不同了，因为是其公司自己管理和塑造的角色，因此毫无隐私和问题可言。

最后，其很容易与各种公司合作。 正如之前谈到 KFC 和胡椒博士的合作一样，虚拟的角色更容易获得产品赞助，虚拟的角色之间也可以聚在一起。

第四章 元宇宙的未来，应该关注什么地方

代表韩国的虚拟模特 Rozy 与拥有 21 万粉丝的海外模特 Shudu 合作拍摄宣传片
资料来源：shudu.gram Instagram

当然，完成每个 3D 动画都会花费大量的时间和金钱，但没有人知道在元宇宙的时代，他们会比现实世界中的名人更受欢迎。

APOKI 将来会怎么样呢？制作 APOKI 的 Afuninteractive 公司于 2021 年 3 月与 LINE FRIENDS 签署合作协议。未来，APOKI 的 YouTube 上可能会出现 LINE FRIENDS 的角色，LINE FRIENDS 也会制作并出售 APOKI 的卡通形象商品。

如果说我们把现实世界个人面貌数字化的化身称为"化身"的话，那么虚拟网红就变成了元宇宙世界里的名人。

制作数字人类的技术

制作数字人类的技术正在变得相对容易和便宜。作为《堡垒之夜》游戏的开发商,Epic Games 免费公开了"MetaHuman Creator"的早期访问版本,让每个人都能轻松创建自己的数字人。这个版本的优点是"时间",把以前需几周甚至几个月时间的工作压缩到一小时之内,这样制作出来的角色可以在 Epic Games 的游戏引擎"虚幻"中使用,也可以在玛雅等程序中编辑。

这不仅让个人看到了自己的化身角色,如果愿意的话,他们也可以把自己想要的理想型的模样用 MetaHuman Creator 制作出来,而公司可以很容易地创造出代表自己公司的虚拟网红。别再犹豫了,现在就大胆地尝试吧。

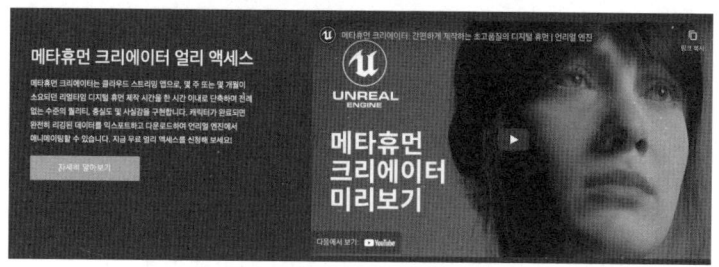

高品质的数字人类是 MetaHuman Creator 的目标

资料来源:www.unrealengine.com

4

K-POP,
飞向元宇宙

元宇宙"会好"的说法和"做得很好"的证据不胜枚举。但是,从 Roblox 和 Zepeto 这样的游戏来看,无疑都是属于青少年的游乐场,所以我觉得在这里创造出"收益"是有限的。

但是,如果在青少年聚集的地方,为青少年们提供令他们感到狂热的内容服务,那又会如何呢?K-POP(韩国流行音乐)是最适合这里的内容。

这就是为什么每当谈到元宇宙时,关于 K-POP 和娱乐公司的话题从来都是不绝于耳。

作为明星和粉丝们在虚拟的空间里见面畅聊的地方,NAVER 的"V-LIVE"、HYBE(Big Hit)的"Weverse"、2021年1月开始服务的 NC soft 的 UNIVERSE 呈现三足鼎立的局面。

现在 K-POP 进入了 NC soft 的 UNIVERSE 与 V-LIVE、Weverse 联手成立的公司展开真正较量的局面

资料来源：UNIVERSE INVERSE APP

但同年 5 月，V-LIVE 和 Weverse 签订了统一运营协议，庞大的 K-POP 平台登场了。

UNIVERSE 通过深度学习生成的人工智能声音，可以传递艺术家的语音信息，还能见到艺术家的头像，是 NC soft 独有的优势，提升了自身竞争力。

在网络世界、网络帝国中，能够发挥最大力量的地方还是拥有艺人的 YG、SM、JYP 等娱乐公司。SM 早在 2011 年就通过 SM 的音乐，高呼要建立一个全世界融为一体的虚拟国家，甚至还发行了护照。10 年过去了，SM 似乎真的准备在元宇宙中建立一个国家。

SM 的女团 aespa 从一开始就瞄准了元宇宙。现实世界的女

第四章 元宇宙的未来，应该关注什么地方

现实世界中的女团和虚拟世界中的女团在一起的 aespa 组合

资料来源：SM 娱乐

团有 4 名成员，虚拟世界中有与她们相似的化身。有意思的是，那些化身并不是一体的，而是有着不同的个性。虽然这样的人设有点难以理解，但让我们拭目以待吧，因为这是 SM 打造的元宇宙的开端。

　　SKT 也在致力于 K-POP 元宇宙。2021 年 4 月，SKT 表示将推进 "K-POP 元宇宙项目"。K-POP 元宇宙由数字人像内容、音乐视频、演唱会和粉丝见面会三部分内容打造，已经拥有 JumpVR 和 AR 应用程序，拥有制作混合现实的 "Jump 工作室"，旨在尽快与拥有 K-POP 艺术家的公司合作，共同创造一

181

极简元宇宙

SKT 的 K-POP 元宇宙由三个要素组成

资料来源：SK 电讯公司

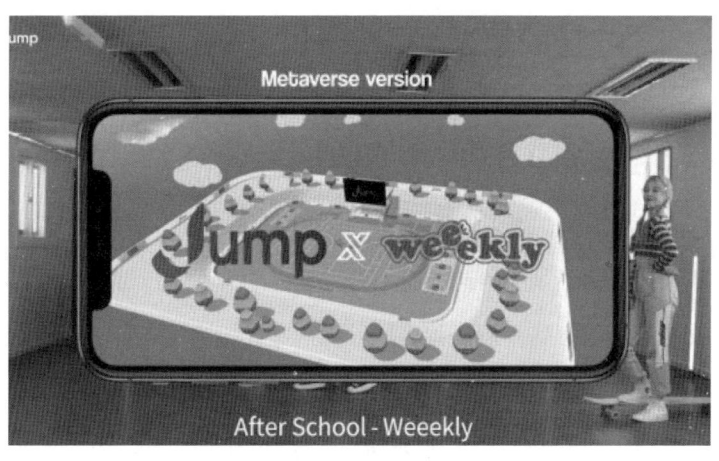

SKT 的 K-POP 元宇宙项目的第一个选手是 Weeekly 组合，制作了 AR MV，
举行了线上粉丝见面会等

资料来源：1theK Originals Youtube

个生态系统。

成为第一个选手的是 Weeekly 组合。如果运行 JumpAR，可以在现实世界中把他们的样子带到 AR 中，主打歌"After School"MV 以元宇宙的形式完成制作。

但是为什么 SKT 热衷于明显不会发财的事业呢？有两个原因。一个原因是通过这些项目，可以将各种数字人像内容用 AR 实现的方法越来越高度化。还有一个原因是，易于确保可靠的合作伙伴。

随着 K-POP 的发展，每个娱乐公司都不得不考虑是建立自己的元宇宙平台，还是暂时与现有平台合作更好，如果考虑与现有平台的合作，从网络到 AR、VR，拥有相当技术实力的 SKT 肯定会成为最佳的第一选择。

小贴士 TIP

在 KaKao 的 Crafter Space 上制作 NFT

"Clayton"是由 Kakao 的区块链子公司 GroundX 创建的 NFT 平台。除此之外,GroundX 还推出了任何人都可以轻松发行 NFT 的服务,该服务名为"Crafter Space"。

从 2021 年 5 月开始进行试用服务,在试用期间,NFT 发行时不收取任何费用。不过,都必须在交易所注册,因为目前还没有基于 Clayton 的自有交易所,所以要利用合作的 Opensea。首次注册 Opensea 需要支付手续费,在 Crafter Space 中制作 NFT 的话,费用会稍微便宜一点,并且是韩文的,使用起来很方便。让我们参考下面的步骤完成制作吧。观看 QR 码视频,有助于理解。

1 | 登录 Crafter Space

Crafter Space（https://www.krafter.space/zh/explore）适合使用 Chrome 浏览器进行登录。点击右上角的"登录"，会出现提示：请使用名为"Kaikas"的钱包，Kaikas 是 Clayton 制作的加密货币钱包。

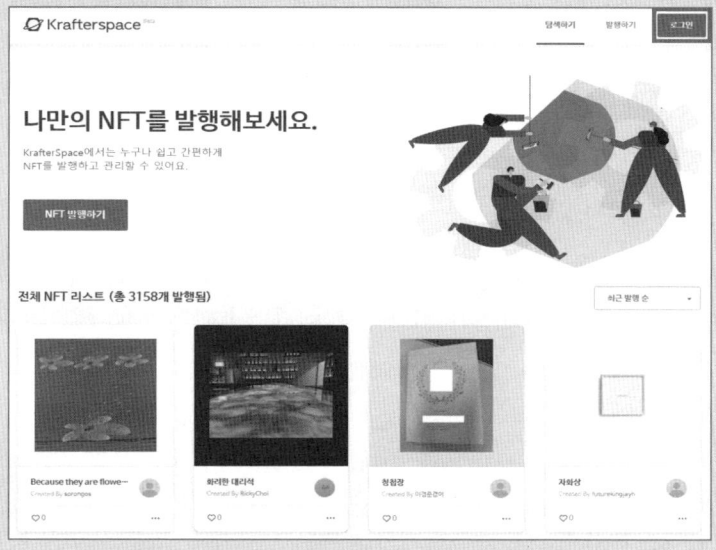

2 | 加入 Kaikas 并设置

点击"登录 Kaikas"进入 Kaikas 设置，再次点击设置，会进入 Chrome 网上商店。Kaikas 也像"Metamask"一样要作为 Chrome 扩展程序来安装。输入密码和用户名后，会出现"找回密码的答案"，要把这个备份起来以备不时之需。

3 | 加入会员

现在回到 Crafter Space，点击登录，进入 Kaikas 界面。接下来，在 Kaikas 创建 ID，输入电子邮件地址，完成认证，会员注册就结束了。

4 | 发行 NFT

登录并点击"发行 NFT"。和 Opensea 相比，其菜单相当简单。发行时需要再次签署 Kaikas 钱包。注册的 NFT 可以在自己的账户上查看。

5 | 登录 Opensea

现在让我们注册 Opensea（opensea.io）交易所。在这里，点击底部的"选择另一个钱包"，然后选择 Kaikas 而不是 Metamask。当弹出连接请求时，点击确认"连接"。在连接的同时，会跳过其他程序，自己制作的作品被转移到了 Opensea。

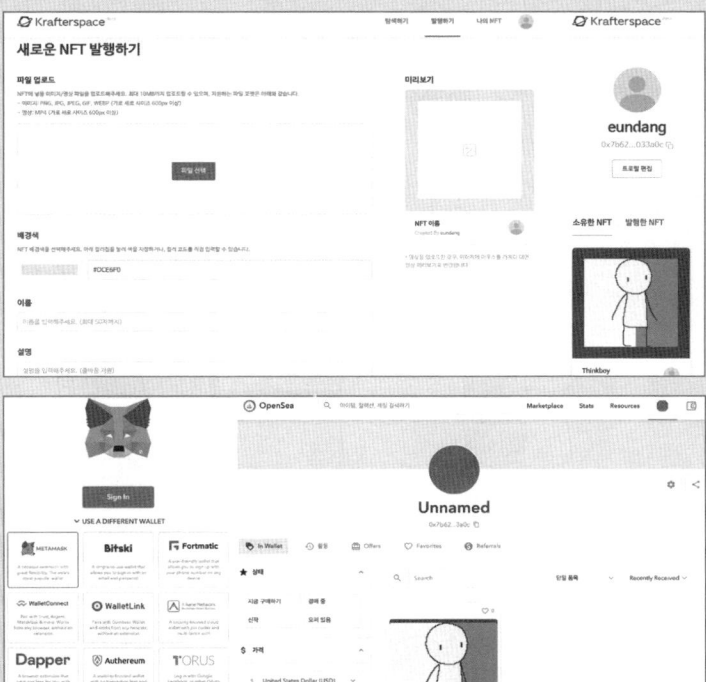

6 | 在 Opensea 中销售

为了在 Opensea 进行销售，需要设定金额，因为 Clayton 使用的货币是"KLAY"，所以只能用这个来设定。点击"销售"，为了交易需要解锁 Unlock，也就是说要向 Opensea 缴纳注册费，手续费是 0.001318KLAY（1KLAY 价值约 1500 韩元，跟 Opensea 的以太币相比几乎相当于免费）。

此时，有两种方法可以传输 KLAY。你可以从加密货币交易所购买，并发送到自己的 Kaikas 钱包（参见第三章 TIP 中的 Metamask 方法），在 Kakao Talk 上作为 KLAY 的优惠活动，在 2020 年和 2021 年上半年免费发放。在这里，我们用后一种方式传输。

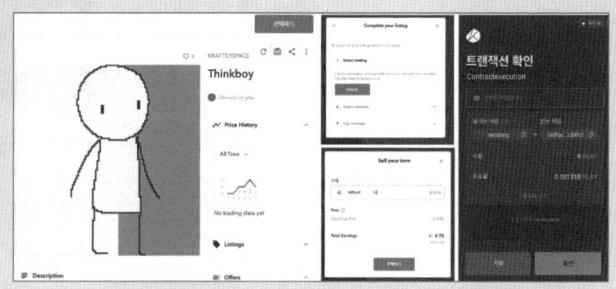

7 | 在 Kakao Talk 钱包中连接 Kaikas

从 Kakao Talk"更多"菜单中选择 Klip。让我们检查代币中的KLAY。点击"发送代币",然后点击"上传QR码",摄像头就会运行。在电脑终端上的Chrome上运行Kaikas钱包后,点击查看自己的账号即可查看二维码,扫描之后,就会自动输入地址。

那么,在这里发送1KLAY后,再点击"销售",就会变成交易确认按钮。现在,依次点击前面看到的Ulock,NFT就会正常注册。

手续费用仅需要在首次注册时支付,以后注册时不再支付。以下是笔者的作品,欢迎你来购买。

第五章

你做好登陆元宇宙的准备了吗

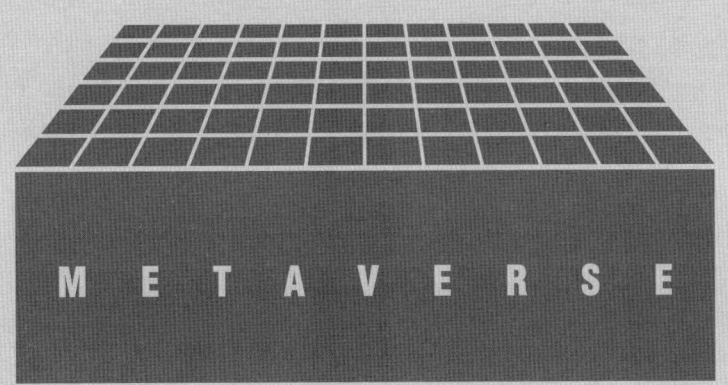

1

我们应该准备些什么

到目前为止,我谈论了各种各样的关于元宇宙的事情。那么,让我们重新回到第一个问题,元宇宙是泡沫,还是互联网的未来?

前面提到的与虚拟现实相关的公司中,或许没有人知道10年后依然生存的企业会是哪家,没有人知道今天花低价买来的、满心喜欢的NFT艺术作品5年后是否会成为废品。

未来难以预测,但该发生的总是会发生。现在对我们来说,变革的浪潮正在袭来,要很好地感知即将到来的变化。所以,我们不应该总是放下感觉的"触角"。

最终,我们期待的元宇宙是FulldiveVR,即我们的身体虽

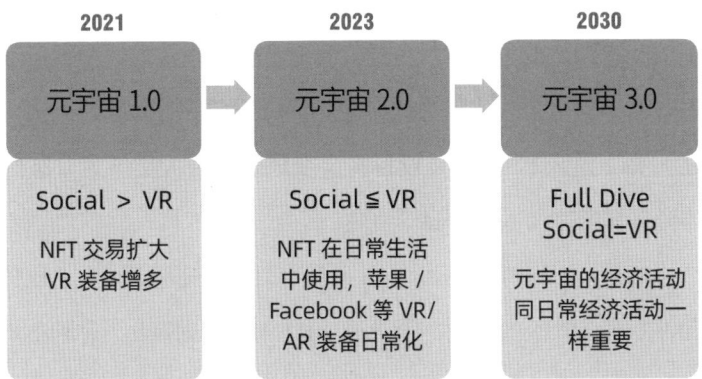

然在现实世界中,但意识却是在虚拟现实中逼真地进行体验的世界。只不过距离这个目标还有很长的路要走。为了帮助理解这一点,我们整理了元宇宙的三个阶段,让我们从各个阶段来审视一下。

元宇宙 1.0 是指基于 SNS 的游戏和基于 NFT 的虚拟商品的交易越来越活跃的阶段。在这个阶段,VR 是处于随着 Facebook 的 Oculus Quest 2 上市之后,相关内容的开发与应用正在快速发展的时期。

元宇宙 2.0 是社交和 VR 相伴的时期。在这个阶段,VR 和 AR 设备将整合在一起,并在需要时混合使用 VR 和 AR。苹果和 Facebook 都在研发一款轻巧、时尚的 AR 眼镜,消费先锋将佩戴体验。得益于此,在虚拟现实中遇到陌生人时,聊天会比现在更容易一些,也不会感觉别扭了。

元宇宙 3.0 是最后一步，是深潜的世界。就像《头号玩家》中的"绿洲"或"矩阵"一样，我的身体在现实世界中，但意识却在体验虚拟现实。为此，甚至可能要进行对大脑的干扰，在人脑中植入芯片，VR 设备将会变成梦想着人类智慧升级的埃隆·马斯克的 Neuralink。

那么，让我们大致预测每个阶段何时会实现吧。现在是社交和 VR 混合阶段的中期，预计到 2022 年，Facebook、索尼和苹果等公司将推出更高级的 VR 设备。随着数字人类的开发和人工智能的结合，高度相似的数字人类的出现也是在 2022 年以后，考虑到这些都需要体系的建立，预测应该是 2023 年才会实现。

深潜，也就是真正像科幻一样的幻想世界，什么时候会到来呢？这一点我不敢预测。但根据未来学家雷·库兹韦尔的观点，2030 年纳米机器人将能够植入大脑，2045 年一切都会改变的奇点将到来。因此，在 2030 年后，深潜的世界同样可以期待。

那么，企业应该准备什么呢？考虑到不可能涵盖所有行业，所以让我们分成银行、百货公司、制造公司和一般公司来谈一谈吧。

2

银行与金融业应该如何运用

假设你用VR布置了一家漂亮的银行店铺。现在,顾客们通过VR在家也可以接入。但是,实际上,客户会通过VR访问虚拟的营业网点吗?

比如,要给A某汇款10万韩元,但不小心错打成了100万韩元。该怎么办呢?应该马上给银行客户中心打电话,请求银行解除汇款。这种时候电话解决起来速度很快,用VR设备进入元宇宙再发送相关请求就太慢了。

再假设你是一个愿意接受咨询的投资者,准备在全球股市变化、韩国经济不景气等形势复杂的局面下,听取专家的意见。这种时候,亲自见面,面对面商谈,不是才更有信心吗?

新韩 SOLAR（AR 宣传手册、VR 财富大厅蓝色大门）操作示范视频

资料来源：circusAR Youtube

那么，银行圈和金融圈为什么要进军元宇宙呢？这是因为每逢形势变化的时期，他们都快速跟上了变化。在进入互联网时代后，银行迅速转向网上银行。到了移动时代，则迅速转向手机银行。那么，即使元宇宙的时代尚不明朗，但其目前的工作是为了提前体验和准备。

加拿大的 TD 银行在客户提出咨询时，已经通过 AR 提供可视化投资组合咨询的服务，而在韩国，新韩银行于 2018 年推出了 SOLAR 服务，但是三四年前仅仅是 AR 和 VR 受到关注的初创期，所以当时向大众推广普及就有些勉强了。但现在不同了，有了市场的关注、公众的理解和设备的研发等支持，今后完全可以提供更好的服务。

金融业运用元宇宙的三种方法

金融业如果要运用元宇宙，需要从 3 个方向进一步考虑。

首先，通过现有的元宇宙平台进行适度的推广。金融公司都有自己的角色，宣传品也相当有水平。那么，免费分发精心制作的纪念品怎么样？相反，如果在现实世界中加入特定商品，可以考虑推广元宇宙上可以使用的道具或加密货币等活动。在银行利率触底的时候，2% 的利息可能感觉没什么大不了，但如果支付相当于 2% 的 Zepeto 代币 "Zem"，结果可能会不太一样。对成年人来说，自己不用的话也可以送给子女，这也是吸引年轻人的好方法，所以考虑一下上面的推广活动吧。

其次，更积极地在元宇宙内建立金融公司的店铺。在元宇宙店铺内，可以进行金融产品的宣传和引导。为积极吸引顾客，需要一定的宣传和引导，还可以召集顾客，举行金融相关研讨会等。正如新韩银行以 AR 为基础，展示客户资产的例子一样，对进入金融公司元宇宙的 VIP 客户来说，为什么不能像《Farm Together》农场管理游戏或像《SimCity》城市建设游戏一样，可视化地展示客户资产增长的情况？

最后，应该开始考虑数字货币。不仅是加密货币，还包括 NFT 等金融业可以参与的项目。未来的客户也许不是把口袋里的现金交给他们，而是把游戏中的货币交给他们。如果不能很好地理解这一点,即使提前准备也会"竹篮打水一场空"。因此,全体员工需要更加积极地体验元宇宙。

从这个意义上说,DGB 金融控股利用 Zepeto 举行的管理层会议意义重大。由于是第一次举行类似的会议,所以产生了诸多不尽如人意的问题。不过,管理层一起认真体验,决定学习和团队一起向前推动这一点,就说明他们在未雨绸缪,正在向目标前进。

DGB 金融控股管理层会议于 2021 年 5 月在 Zepeto 里举行

资料来源:DGB 金融控股

3

百货店与超市应该如何运用

百货商场和超市的烦恼必然很大。在 Zepeto 售卖古驰的新品单品和耐克的运动鞋等商品,在某种意义上意味着 Zepeto 要承担百货公司和超市的角色。但是,如果你是一家自己制造产品的公司,却不得不考虑投身于已经兼具物流公司的元宇宙平台了。即便如此,也很难将单独的百货商场或超市变成独立的元宇宙。因为费用很贵,即使全身心完成制作,一旦没有客源,那些投入就相当于打了水漂。在这里,我推荐用两种可以打开局面的方式。

物流业应用元宇宙的两种方法

首先是消极的方法,与已经搭建的各类元宇宙平台合作,从

战略上提供策展服装、家电、家具产品的服务。可以在中小品牌元宇宙平台中尝试搭建，即使有些地方不尽如人意，也可以控制住局面。虽然自己也可以打造中小品牌平台，但如果在有着多年经验的元宇宙平台组建策展店，会不会有意外的收获呢？

更积极的第二种方法是在元宇宙内建立百货公司和超市。在Zepeto或Decentraland（以太币上的元宇宙）开设商店当然需要投资，但与实体店相比，成本要低得多。百货商店和超市最擅长的领域之一就是门店布局和服务差异化。在现实世界中，由于空间限制未能做到的事情，在元宇宙内是不是完全有可能做到呢？

2021年上线的汝矣岛的"更现代首尔"，与其他百货商场明显不同。其采用开放式空间、开放式窗户、舒适休息的空间等，让它迅速成为网红地点。与各个品牌合作的地方也令人印象深刻，特别是与NH投资证券合作的"股票市场"，让人在现实世界中亲身体验了在数字世界中进行证券交易的乐趣，如果把它运用到元宇宙上，足以创造出更多新鲜的事物。

但是，元宇宙平台没有必要像真正的百货商场那样，把空间做得很大。以年轻人为主要攻略对象，针对青少年的空间、面向20多岁人群的空间、面向30多岁的上班族的空间等目标市场进行具体分类，经营概念店也是一种方法。

不用太担心宣传。每日客户登录时，在元宇宙内发放可使用的货币和物品，或者通过抽签，可以提供跟实际百货商店和超市相同的商品。反之，在实体店购买商品时，赠送相应的元宇宙内

"更现代首尔"和 NH 投资证券不仅让普通民众增强了对股票投资的关注，
还在线下准备开设可以"体验股票模拟投资"的快闪店

资料来源：NH 投资证券

的道具，也可以作为一种宣传方式。

让我们总结一下，消极的方法就是以百货商场、超市精选商品的名义，将服装、家具、家电产品店搬入元宇宙。积极的做法是在 Zepeto 或 Decentraland 建造购物中心或百货商场等具有象征意义的空间，并在里面销售产品。2021 年 5 月，BGF 零售合作让 CU 便利店入驻 Zepeto 内，开启了合作模式。现在，这种合作肯定会快速顺畅地进行下去。

伊势丹百货整个商店制作成了元宇宙

资料来源：www.rev-worlds.com

日本的伊势丹百货是最快应用元宇宙的地方之一。与 REV WORLDS 合作，整个百货商店完成了元宇宙化。用户可以在这里自由走动，查看商品，也可以跟现实造型师咨询。不过，成功与否还需要一段时间的检验。

4
制造商与出版社应该如何运用

如果你正在制作一件曾经制作过的产品，如果你拥有有吸引力的品牌，现在就应该入驻元宇宙，不能再观望下去了。因为在这种热门话题已经开启的时候，你必须马上投身其中才能抢占先机。难道还要再观察市场的变化吗？耐克已经进军 Zepeto，古驰正在卖衣服。在星巴克到来之前，让我们先入驻吧！

如果你觉得不顾一切投身这个领域有负担的话，那就先试试花费最少的方法吧。在《动物森林》上制作并发布产品设计怎么样呢？前面介绍过，如果通过游戏里"我的设计"功能设计发布有魅力的鞋子、包、衣服等的话，会有很多用户购买。如果真心喜欢的话，也会通过 SNS 替你进行宣传，会收获不错的效果。试试看，如果可以的话，不妨在元宇宙一个一个进军吧。

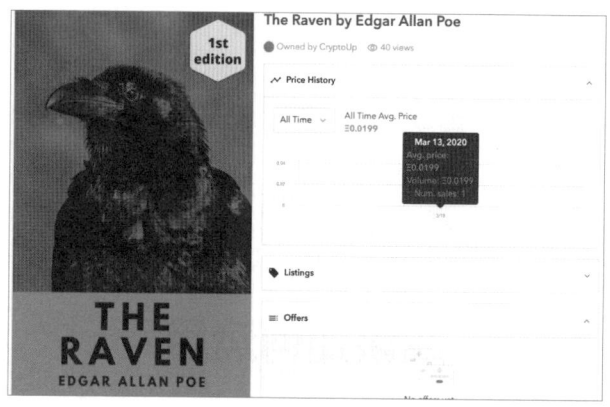

埃德加·爱伦·坡所著《雷文》的第一版被制作成了NFT

资料来源：opensea.io

出版社同样可以入驻。可以考虑在NFT交易所注册与图书相关的NFT，或者考虑在元宇宙里举办作者签名会、朗读会，像Opensea等NFT交易所已经上线了布拉姆·史铎克的《德古拉》、埃德加·爱伦·坡的《雷文》等书籍的第一版。当然，购买了这些书也并不是要送出纸质的书籍，只是获得所有权而已，但是只要好好利用各出版社所获取的知名作者的版权，把作者的签名本作为限量版，制作成NFT进行销售。

在元宇宙里举办演讲或朗读会怎么样呢？由于时间和地点的限制，作者走出国门，或者邀请海外作者到韩国来都很费劲。如果利用元宇宙，在海外的粉丝们也可以一起在Gather Town、Zepeto等虚拟空间参加演讲了。让我们不要错过通过元宇宙与众多读者见面的机会。

5

教育公司
应该如何运用

在元宇宙里授课会怎么样？在前面已经谈到了在元宇宙里举行毕业典礼或入学仪式。那么，能不能在元宇宙里授课呢？当然有可能，只是效果需要考虑。

看到在《堡垒之夜》进行的表演或在 Decentraland 进行的采访，你无法抹去那种在房间跑来跑去和跳舞等所带来的"嘈杂"的感觉。因此，如果是 10—20 分钟内的简短专题讲座或仅仅是抱着"体验一次"的态度去听讲座，效果可能不错，而长时间的讲座则需要耗费一定的时间才能适应。

教育界运用元宇宙的三种优势

那么是不是说在元宇宙从事教育是不可能的？不是那样的。结合元宇宙的平台作用，总会有适合的行业，也会有不适合的行业。如果到元宇宙 2.0 阶段时，借助元宇宙进行教育被激活的话，那么有以下三个优势是值得期待的。

首先，移动和空间的限制得到解决。无论是在中小学还是在成人教育方面，都可以减少前往学校及教学场地所花费的时间。届时，可以在元宇宙内体验现实世界中从未有过的各种经历和进行各种实验。例如，可以在元宇宙内创建一个危险的实验室或进行解剖实践的空间。

其次，可以实现全球教育。有一段时间，我对 M.O.O.K 充满期待。在韩国聆听世界著名教授的讲座的创新型服务中，大家都在 M.O.O.K 上课或接受培训，但所有人不用聚在一个空间，不妨想象一下每个人的化身在一个教室里上课的样子。如果语言的障碍能在元宇宙内得到解决，我们将能接受不同于以往层次的经验和教育。

最后，实现无歧视教育。在现实世界中，由于外貌、性格和家庭环境等原因，可能会发生歧视，由强壮的孩子引起的校园暴力也比比皆是。从《头号玩家》的原著小说来看，在虚拟现实中的课堂上上课的孩子们，因为用各自的化身登录，不会再拘泥于外貌。万一有欺负别人的孩子，将他"拦截"就可以了。

如果说在《堡垒之夜》、Decentraland 和 Zepeto 的教育仍很嘈杂的话，在这种情况下，我们为什么不尝试适合教育的元宇宙平台呢？

没有华丽的动作，但保证充分参与的 Gather Town 就是答案。在 Gather Town，你可以建造教室或会议室。建好教室后，各自就座，这时跟 Zoom 一样，可以看到各自的面孔，可以分享画面。教室旁边还可以搭建休息的空间，可以上 50 分钟课后休息 10 分钟。Gather Town 是处于不断更新阶段的服务，所以最好从现在就开始熟悉它。因为可以最多供 25 人免费使用，那现在就试试吧。

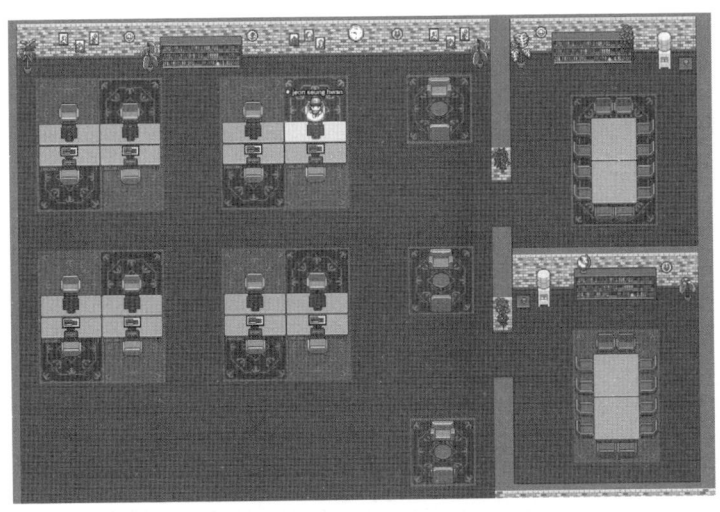

在 Gather Town 搭建小规模的教室，上课 1—2 小时十分有意思

资料来源：作家全胜焕的 Facebook

6

活动企划应该如何运用

在新冠肺炎疫情大流行期间,大多数线下活动被取消或规模被压缩。相反,线上实时直播以及实时分享提前拍摄、编辑的活动视频却越来越多。

苹果和三星的新品发布会、现代起亚汽车的新款电动汽车发布等线上发布会表明这些企业迅速顺应了新的方式。不过,像 CES、MWC 等众多企业参与的全球会展活动仍难以顺应新的方式。韩国 COEX(国际会展)也难以举办展位参与的活动,为了尽量在线上营造线下的氛围,参展商与观众进行了小范围对话、直播等活动,但是仍困难重重。因此,从 2020 年下半年开始,即使被大幅度缩减了规模,仍有一些活动坚持线下举行。这期间发生了一件有趣的事情。

第五章　你做好登陆元宇宙的准备了吗

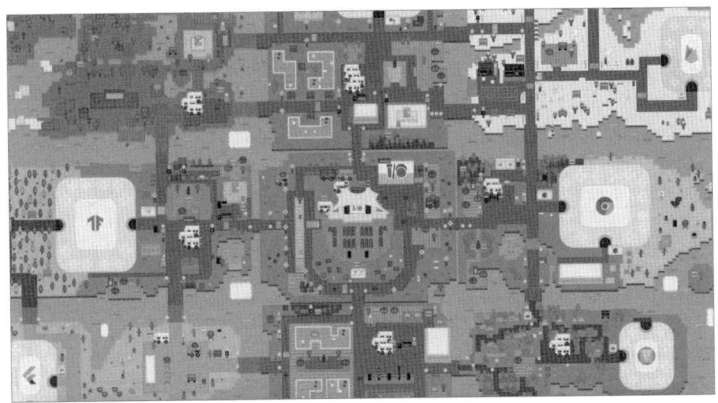

谷歌 I/O 整体地图，谷歌首次在线上举办了"2021 谷歌研发者大会"

资料来源：谷歌 I/O 官网

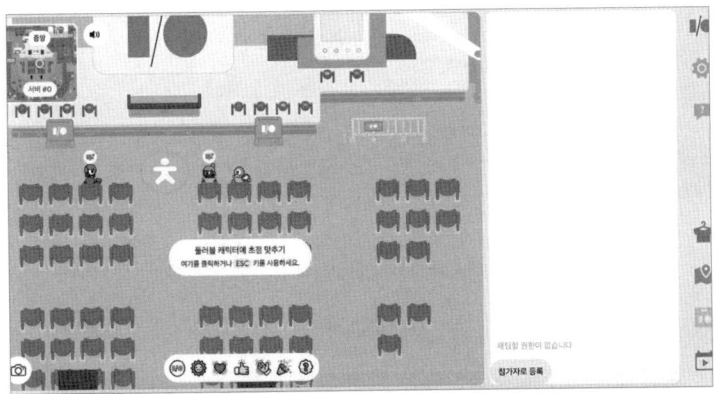

任何人都可以制作自己的头像，在展位上活动

资料来源：谷歌 I/O 官网

这件事情就是 2021 年召开的谷歌开发者大会,即谷歌 I/O。谷歌在线举行了这场活动,他们建立了一个虚拟的会场,让每个人都能参与进来。

参与者可以制作出自己的头像,操作键盘进行移动,前往感兴趣的办公楼内,可以观看演示者资料,也可以与出席会议的化身对话。如果你在考虑举办活动,这是一个必须参考的网站(https://events.google.com/io/)。

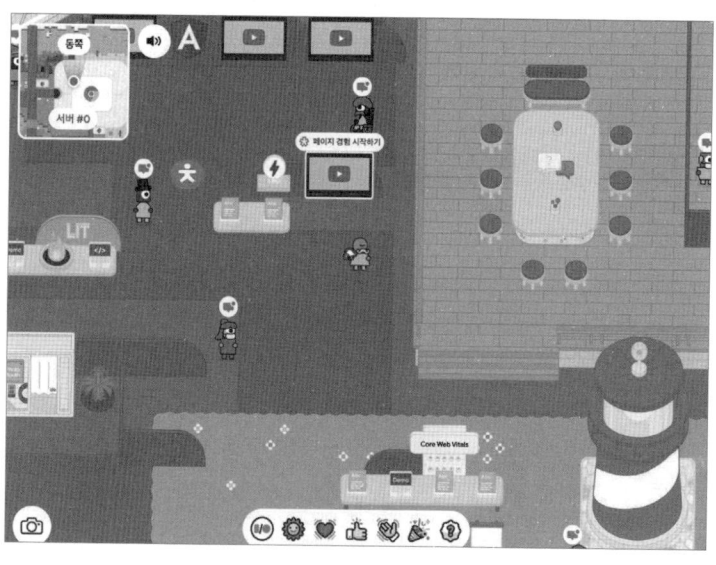

在化身的会场间移动,可以看到发言材料,也可以与与会者对话

资料来源:谷歌 I/O 官网

7

政府与公共机关应该怎样做

相关话题确定后,行动最快的是政府。韩国凭借高速互联网跻身全球 IT 强国的行列,尽管过去 10 年一直在努力,但仍未能赶超美国和中国,未能掌握第四次工业革命的主动权。不过,韩国在互联网和移动革命中抓住机会,并取得了成功,在元宇宙中发现了又一个机遇。

2021 年 5 月,韩国企划财政部、文化体育观光部、科技信息通信部组建"元宇宙 TF",共同研讨发展战略。有人建议,首先将元宇宙应用于信访管理和公共服务创新领域,进而实现元宇宙政府。不仅如此,还与相关行业、协会联合成立了"元宇宙战略联盟"。按照以民间主导、政府及时支援的形式,分别由共享元宇宙产业和技术趋势的论坛、完善伦理问题和法律制度的咨询小组、企业之间通过协作挖掘和策划元宇宙平台的项目组共同推进。有代表性的民间企业，如现代汽车、NaverLabs、三大移动通信社、乐天世界、Kakao 娱乐、CJ ENM 等均参与了进来。

2021 年 6 月，在首尔市为初创企业提供支持的空间"首尔创业中心世界"在 Zepeto 开馆，同时公共机构的动作也同样在加快。过去，当政府关注金融科技时，小而快的金融科技公司获得了大幅增长的机会。现在也是如此，只要是准备开展与元宇宙相关事业的，千万不要错过这个机会。

首尔市在 Zepeto 创建的韩国首家初创企业空间"首尔创业中心世界"开馆
资料来源：首尔创业中心世界

8

公司应该怎样做

元宇宙的时代，如果所有公司共同利用，有一个好办法，即建立一个能宣传公司的"数字人"。数字人不一定需要用巨大的图形复刻真人的面貌，可以是动物的角色，还可以是2D动画角色。重要的是能与粉丝有效沟通，角色的设定能够让他们在虚拟世界中表现得活灵活现即可，这需要过硬的故事情节设定。

参考一下宾格瑞（Binggrae）的数字人"宾格瑞斯（Binggraeus）"，宾格端有个名字叫"宾格瑞斯更有味道"，他戴着香蕉味牛奶皇冠。一开始，这个角色被认为是无厘头的恶搞，但经过不断沟通，最终拥有了超过15万的粉丝。如果

拥有超过 15 万粉丝的宾格瑞斯自称是"宾格瑞王国的继承人",
是 Instagram 的管理人员

资料来源:binggraekorea Instagram

"斗笠"是一个被设定为从朝鲜时代穿越到新世界免税店,应聘成为宣传负责人,
负责 SNS 宣传的角色

资料来源:新世界免税店(shinsegaedutyfree)Instagram

在元宇宙游戏中遇到宾格瑞斯,你会不会马上成为他忠实的粉丝呢?

新世界免税店塑造了"斗笠"这个角色,这个角色工作是负责 SNS 宣传,虽然在 Instagram 上的受关注度不高,但是每年通过 Netflix 平台上映的《王国》吸引了不少眼球,全球众多观众也想一探究竟。如果在元宇宙游戏内也制作一款名为"斗笠"的物品提供给外国人的话,会不会收到出其不意的效果呢?

2019 年,现代百货与德国插画作家克里斯托夫尼曼联手打造了"白迪"这一可爱的小狗角色。通过白迪还进行了各种线上营销,这些角色如果应用在元宇宙的世界中会怎么样呢?

现代百货正在举行与角色小狗"白迪"跳舞,以及为了遗弃犬进行捐赠的"白迪跳舞挑战赛"等活动

资料来源:现代百货(the_hyundai)Instagram

9

个人应该做什么

元宇宙的时代,企业千万不能再犹豫了,应该马上开始。因为竞争已经到来。那么,个人该怎么办呢?首先,我一定要传递出下面的这句话:

"现在赶快登机,坐在座位上,系好安全带,咬紧牙关注视前方!"

甚至比想象中还要快,元宇宙的世界可以飞到你想象不到的地方。现在就加入各种元宇宙平台吧。首先,安装 Zepeto 应用程序,创建账户后,用免费赠送的硬币买衣服,然后拍个人头像吧。如果你想了解什么,你必须先开门进去。

如果你打算多付一点学费,那么推荐你购买 VR 设备。但一想到"唉,那是孩子们做的事情吧?"时,你的想法可能会中止。那就让我们改变语言，改变想法，改变行为，这样你就会认为"这是每个人都应该尝试的吧"。

究竟能否实现元宇宙 3.0 呢？如果你有疑虑，现在就安装 Oculus 应用程序，创建账号，然后进去看看吧。即使没有 VR 设备，也可以查看上面有什么样的内容。如果你想知道利用 AR 正在创造的世界的话，现在就免费下载 SKY LITE 应用程序，让它照亮夜空，体验意想不到的星座盛宴吧。

"The future is already here—it's just not very evenly distributed."

"未来已来，只是分布不均。"

让我们记住威廉·吉布森的名言。元宇宙已经来到了我们身边，只是我们未太在意。也许现在正是最好的机会，让我们不要错过通往未来的最后一班列车。

小贴士 TIP

在 Gather Town 上讲课吧

Gather Town 与 ZOOM 有相似之处，但又不完全相同，与 Teams 也相近，但也存在差异。不知为何，这却是一个我们再熟悉不过的平台。也许是因为 8 位机的复古画面，使用这个平台办公时相当亲切。那么，让我们来了解一下 Gather Town 的用法吧。

① 通过"chrome"登录 gather.town，然后点击右上角的"Launch Gather"。在这里，因为你需要新建一个教室或会议室，

邀请其他人加入，所以请点击"Create a new space"（此时可以先注册会员，然后确定角色。注册会员可以使用以前用过的教室）。

② 可以从预先确定的 Office、Social、Conference 等多个空间中选择一个，需要考虑到免费使用仅限 25 人以下。

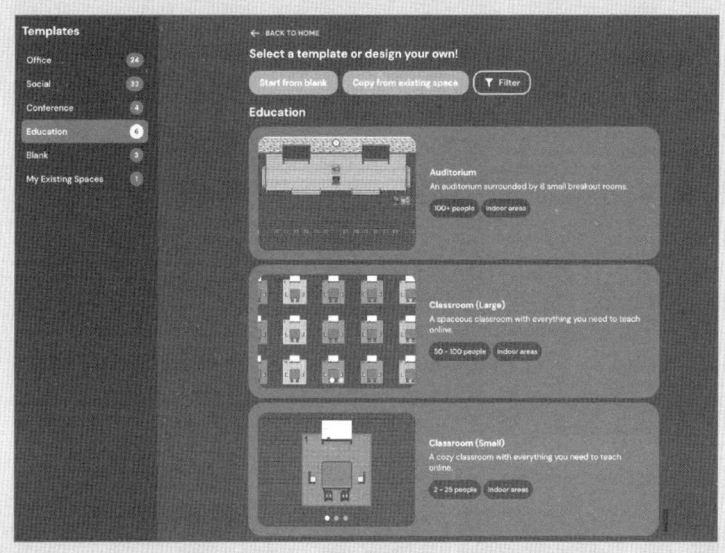

③ 在这里，我们建造了一个可以容纳 25 人的教室。此时，房间的名字一旦确定下来，就无法修改了。设置好密码后，点击"Create Space"（弹出下面的问题"What are you building this space for？"回答后才能继续进行）。

④ 现在让我们制作一个"角色",确认麦克风和摄像头,然后入场(Join the Gathering)。进入教室后,可以用方向键自由移动。也可以到其他同事工作点的附近去聊天。

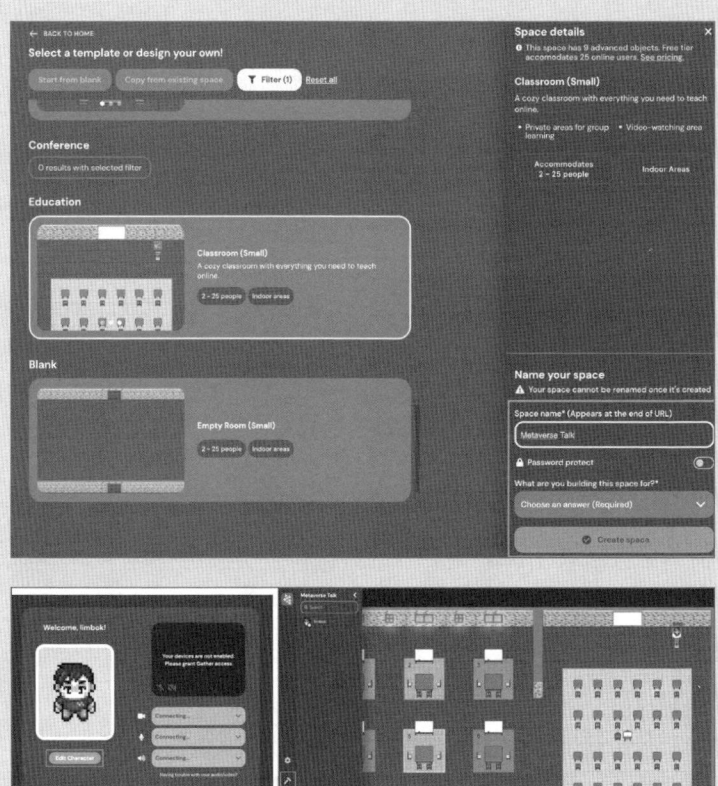

⑤ 点击左边的锤子图标可以简单编辑地图,可以双击简单的事物图标完成配置,或者配置能在里面玩游戏的各种工具。

第五章 你做好登陆元宇宙的准备了吗

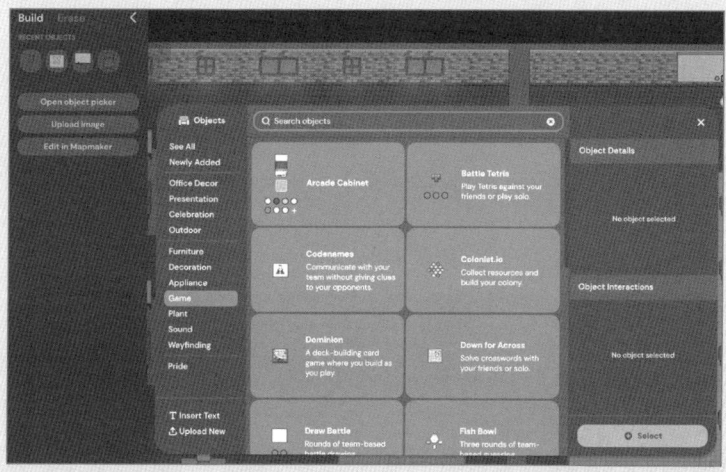

⑥ 现在请邀请其他人，可以按左下角的"+invite"，然后发送电子邮件或发送链接。

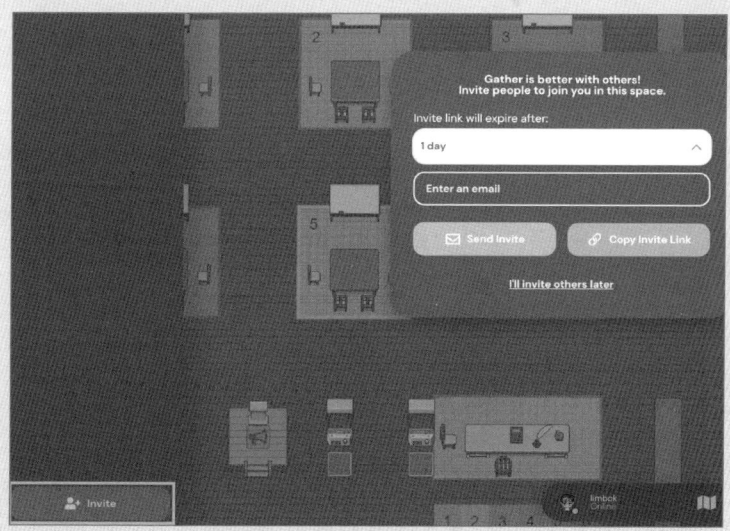

221

⑦ 当被邀请人的角色靠近时，就会变成脸对脸对话的画面。在小型教室里，坐在椅子上的人之间可以一边分享画面，一边交谈，也可以举行会议。因为现在还是一个测试版，画面可能不太流畅，但是你可以在免费版本中进行充分练习。

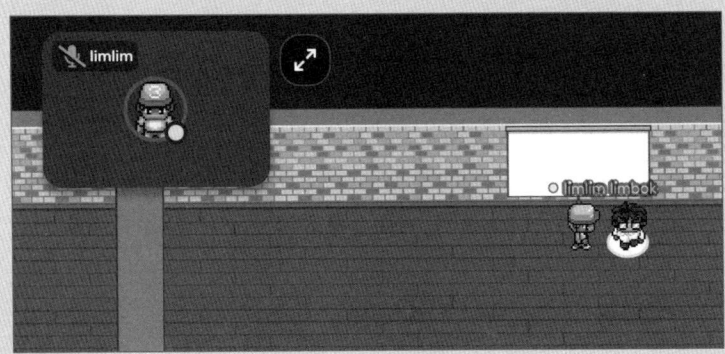

参考资料

[1] 埃隆·马斯克认为"我们都是电子游戏"
https://www.huffingtonpost.kr/2016/06/06/story_n_10328842.html

[2] 美国美林证券报告指出"事实上，我们生活在虚拟世界里……"
https://news.joins.com/article/20596941

[3] GTC 2021 Keynote with NVIDIA CEO Jensen Huang
https://youtu.be/eAn_oiZwUXA?t=1025

[4] 收入首次公开……Roblox1 季度销售额 3 亿 8700 万美元
https://www.getnews.co.kr/news/articleView.html?idxno=529791

[5] 杰克·多西的推特 NFT
https://v.cent.co/tweet/20

[6] 游戏中最大规模的战争……天堂 2 "巴茨解放战争"
https://www.econovill.com/news/articleView.html?idxno=374630

[7]《第二人生》创业的春天，……4 万人齐赚钱
https://www.mk.co.kr/news/special-edition/view/2007/10/560040/

[8] 软银、三星电子与《第二人生》合作
https://www.etnews.com/200704120168?m=1

[9] 微软 CEO 萨蒂亚·纳德拉证实，今后将持续收购游戏工作室
http://it.chosun.com/site/data/html_dir/2020/09/23/2020092300850.html

[10] 元宇宙经济……Epic 平台 CEO Tim Sweeney 接受采访
https://ichi.pro/ko/meta-beoseuui-gyeongje-epig-ceo-tim-seuwiniwaui-inteobyu-26538314571231

[11] DGB 金融控股，在 Zepeto 中召开管理层会议
https://www.econovill.com/news/articleView.html?idxno=531117

［12］"不收美元……用加密货币买地盖楼"

https://www.hankyung.com/it/article/2021060129421

［13］云市场占有率

https://www.yna.co.kr/view/GYH20210205000400044

［14］正式启动前的星链，预约订单突破50万件

http://it.chosun.com/site/data/html_dir/2021/05/05/2021050501269.html

［15］智能合约（Smart Contract），用一篇文章来理解

https://medium.com/haechi-audit-kr/smart-contract-a-to-z-79ebc04d6c86

［16］三星Next投资SuperRare

http://news.newsway.co.kr/news/view?ud=2021033114481538535

［17］你不知道的蒙娜丽莎的一切

https://content.v.kakao.com/v/604e31613d50982c65222e9e

［18］NFT数字艺术品接连遭剽窃……解决方案？

https://www.mk.co.kr/news/economy/view/2021/03/288045/

[19] Ebay,支持 NFT 交易

https://www.bloter.net/newsView/blt202105120001

[20] 世纪末网络歌手"亚当"的结局

https://www.econovill.com/news/articleView.html?idxno=283370